如何提升和陌生人的沟通能力

RUHE TISHENG HE MOSHENGREN DE GOUTONG NENGLI

邓兮◎编著

中国纺织出版社有限公司

内 容 提 要

一个人深谙社交学，具备快速与人交往沟通的能力，在任何场合都可以与人打成一片，及时了解他人心理，必然能够胜出日常交际的博弈。

本书通过贴近生活的案例，丰富的理论剖析，从社交学的各方面阐述社交技能的实用性，让你逐渐成为成功、有魅力的社交家，运用正确的社交方式，吸引大家的注意力，实现自己的交际目的。

图书在版编目（CIP）数据

如何提升和陌生人的沟通能力 / 邓兮编著.--北京：中国纺织出版社有限公司，2020.7

ISBN 978-7-5180-7279-8

Ⅰ.①如… Ⅱ.①邓… Ⅲ.①心理交往—青年读物 Ⅳ.①C912.11-49

中国版本图书馆CIP数据核字（2020）第054106号

责任编辑：赵晓红　　责任印制：储志伟

中国纺织出版社有限公司出版发行

地址：北京市朝阳区百子湾东里A407号楼　邮政编码：100124

销售电话：010-67004422　传真：010-87155801

http：//www.c-textilep.com

中国纺织出版社天猫旗舰店

官方微博http：//weibo.com/2119887771

三河市宏盛印务有限公司印刷　各地新华书店经销

2020年7月第1版第1次印刷

开本：710×1000　1/16　印张：13

字数：162千字　定价：39.80元

凡购本书，如有缺页、倒页、脱页，由本社图书营销中心调换

前言

社交能力，是衡量一个人是否适应现代社会需求，是否具备善于与人交往的能力的标准之一。深谙社会学的人懂得各种场合的礼仪、礼节，待人接物有分寸，善于处理各种复杂的人际关系。他们在平时生活中非常注意培养自己良好的性格、儒雅的风度，热情待人，充满自信，仪表堂堂，举止有礼，给人非常好的印象。在日常社交活动中，他们对朋友、领导、同事、下属以及陌生人都表示尊重，非常注重交际技巧、方法，并努力使自己给大家留下良好的印象。

社会是一个由形形色色的人组成的整体，社交是无法回避的活动。社交具体而言，就是人们运用一定的方式传递信息、交流思想意识，以达到某种目的的社会各项活动。现代社会，经济的快速发展和社会日新月异的变化，使得人与人之间的交往显得非常重要。懂得社交学，往往可以让交往者感到心情愉悦，对方还能从交往的过程中有所收获，促使交往朝着良性循环下去。精通社交学，将会使周围人的关系也随之改善，而且良好的人际关系与处事之道对一个人的人生道路有着重要的推动作用，可以让人更快速地成功，从而获得人际关系的幸福。

对大部分人而言，人际交往能力的欠缺往往影响着人际交往。在日常交际中，这些人明明想关心别人却不知道从哪里说起；想要赞美对方却不知道如何开口；想协调人际关系，却搞得一团糟；想对人友善和气，却控制不住自己冲动的性格而显得言语生硬。人际交往能力往往是一个人知识、人品、修养以及各种心理能力的综合，反映了一个人的综合素质。所以，在日常交际中，我们在培养和提高自己的人际交往能力的同时，还需要注意自己综合素质的培养和提高。

日常社交能力，不仅需要口才技巧，而且还需要深谙社交心理学。一个人在交际过程中改变自己的同时还会影响身边人，让自己的交际行为更好地适应社会需要，修炼成为炙手可热的超级社交家。

作者

2019年12月

目录

第 01 章
良好的人际从初次见面开始

初次见面，说好第一句话，能够奠定良好沟通的基调，开启良好的人际关系。在日常交际中，通过第一印象赢得信任，是建立良好人际关系的重要技巧，与人交往，第一印象往往是最深刻的，也是最重要的。

说好第一句话，吸引对方注意

在和别人进行交流的时候，通常都会遇到这种情况，不知道该怎样和对方说第一句话，吸引对方的注意。此时，第一句话就奠定了整个沟通过程的基调。第一句话说得好，就能够较为顺利地交流，起到事半功倍的效果；如果第一句话说得不好，就会无形中在彼此间形成了一个障碍，丧失众多机会，不能体现自己的水平与能力，也不能将交流继续进行下去。

一天，林皓开车带着儿子庆庆去河边拉沙子。路很难走，到处都是小石块。在回来的路上，汽车被一块锋利的石头扎爆了胎，二人赶紧下车修理。可是修车需要千斤顶，他们的千斤顶偏偏又坏掉了。没办法，林皓只好让庆庆去找别人借，但是又担心庆庆办不好自己交代的事情，就在庆庆耳边叮嘱了几句。庆庆看了看爸爸，半信半疑地朝路边的房子走去。果然，一会儿庆庆抱着千斤顶回来了，他高兴地对林皓说："爸爸，你真高明，一切都跟您说的一样。"

原来，庆庆走到一户人家的门前去敲门，开门的是个年轻小伙子。庆庆一看对方不耐烦的样子就有点忐忑，但他还是按照父亲的叮嘱，笑着说道："哥哥，不好意思，这次又有事要麻烦您帮忙了。"小伙子看着眼前的这个陌生人，似乎在努力回忆着什么，最后莫名奇妙地问道："什么意思？我们不认识吧？我以前帮助过你吗？"庆庆赶紧笑着说："哥哥，是这样的，您家就在马路的边上，我一看就知道您一定帮过不少人。所以，我这次当然是又有事需要您帮忙了。"小伙子听了眼前这个陌生人的话，爽快地答应说："那好吧，你说，有什么需要我做的？"庆庆将自己的来意说明之后，那个小伙子迟疑了一下。原来，他家里并没有千斤顶，可他最终还是放下了手中的活，爽快地说："别担心，没问题，你先在这里等一下，我现在就去给你借，一会儿就回来。"于是小伙子骑上摩托车到村子里挨家挨户地借，最终借到了千斤顶。

"这次又有事要麻烦您帮忙了。"就这样一句话，让一个本来很冷漠的年轻小伙子变得热情、乐于助人。一句话，说到了对方的心里，得到了对方的欢喜。当陌生并不再是两个人之间的隔阂，你想要达到的目标也不再遥远。

初次见面，要想打动对方，其实关键看你开口的前三分钟。其实，事实就是如此，能否真正吸引一个人的注意力，第一句话十分重要，甚至是价值千金。如果第一句话不能引起对方的兴趣，那么就很难继续谈下去。

那么，如何才能把第一句话说好呢？以下几点可供参考：

1.说话要有礼貌

对陌生人表示尊敬是礼貌的第一表现，也更能拉近彼此之间的距离。但是，采用这种方式必须注意：要掌握好分寸，褒奖适度，不能胡乱吹捧，谈话的内容要因时因地因人而异。

2.借助关系来攀认

可以通过攀认法，简单来说，就是找到能和对方联系上的事物或者交情，来介绍自己。如"我曾经和你哥哥小王是好朋友""听说你是北大毕业的，我也曾经在北大读过书，这么说来咱们还是校友呢"等诸如此类的介绍来拉近你和对方的关系。

通常来讲，对一个素未谋面的人，你想与他进行一番成功的攀谈，如果你能做到在事前做一番认真的调查研究，你都可以找到或明或隐、或近或远的亲友关系。而当你在和他人见面时，如果能够拉上这层关系，就能使对方产生亲切感，一下子缩短双方之间的距离。

3.揣摩对方的心理

说话是双向的，除了要注意说话的语言，还要注意说话的对象，如果你不会揣摩对方的心理，那即使再能言善辩，别人也不买你的账。拥有一流口才的人会依照说话对象的不同而说不同的话，这也是他们能将话说得扣人心弦的原因。

4.多让对方做肯定回答

卡耐基曾告诫人们："与人交谈，要让对方接受自己的观点，不要先讨论双方不一致的问题，而要先强调，并且反复强调你们一致的事情。让对方一开始就说'是''对的'，而不是要对方一开始就说'不'。"

塑造良好的第一印象

两个人初次见面时，留给对方的第一印象非常重要。也许很多人会说："我不以第一印象来判断别人。"实际上，第一印象或多或少都会对人物的整体评价产生影响。第一印象在一个人的内心中占据很大的分量，如果给他人的印象好，那对方会愿意与你认识并进行第二次及第N次的交谈，反之，第一印象不好，对方当即就不想再见到你。

"第一眼"的印象并非总是正确的，但却是最鲜明、最牢固的，并决定着双方交往的进程。一定要重视人家看你的第一眼，只有第一眼留下好印象，才会让人难忘。懂得利用“第一眼”让人喜欢的人，会在社交中获得成功。

不论你信不信，第一印象对于一个人的整体形象塑造来说意义重大，希望我们不要忽视这个意义非凡的细节问题。如果你想对方快速喜欢上你、如果你想和对方把话深谈下去、如果你想不被他人厌恶，那就别忘了塑造一个好的第一印象，并且让对方深刻的记下你的美好。想留下好的第一印象，我们可以从以下几点加以注意：

1.提升自身修养

一表人才，主要来自一个人的学识修养。先天相貌由父母的遗传决定，后天相貌则可以经由自己的学习、通过“相随心转”的运作来加以改变。学识丰富、内心充实、行为端庄，加上仪容整洁，不就是一表人才了吗？心一改变，外表会也跟着改变，不妨试试看。

2.恰到好处地“附和”对方

任何人都有自觉得意的事情，但是，再得意、再值得骄傲和自豪的事情，如果没有他人的询问，自己也不好主动提及。而这时你若能适时而恰到好处地将它提出来作为话题，对方一定会欣喜万分，并敞开心扉畅所欲言。

3.脸上时刻挂笑容

发自内心的微笑不但会给他人留下美好的印象，还会让自己显得风度翩翩、魅力十足。与之相反，有这样一种人，他们不论何时见到谁，总是面沉似水。要知道人与人交往本是高兴的事情，谁也不愿意给自己找不痛快。如果你总是心绪不佳，那么注定了你不会给他人留下什么好印象。

4.举止大方、自然

表情、举止自然随意，不过分拘谨，使你显得自信、干练、见过世面，这会增强别人对你的信任。面带微笑，会使你显得乐观、积极，热情开朗，有一个好人缘。应避免跷二郎腿、双目游移、表情木然、身体僵硬等不良举止，这些都会给别人留下一个不好的印象。

我们每认识一个新的朋友，都离不开首次的交往，不管跟某人认识的时间是多久，“第一次”也只有唯一的一次。第一次是最深刻的，即便后来如何改变，但还是会记住那个“第一次”。所以，对我们每个人来说第一印象是很重要的。

慎用口头禅，容易留下不好印象

王刚以前工作忙碌的时候总喜欢说“等一下哈”，慢慢地，这句话就成了他的口头禅，于是便发生了让人不愉快的一幕：王刚的女儿上小学了，第一天上学是王刚的妻子去送的女儿，下午妻子有事，让王刚去接女儿，由于这是第一次见班主任，王刚的妻子一直叮嘱他下午早点去，问问女儿的表现如何。但是，王刚还是迟到了，他女儿小学班主任打来电话埋怨说：“王先生啊，其他同学已经都被家长接走了，您到底啥时候才能过来接您的孩子啊，我现在有事不能久留，您能快点吗？”王刚张口就回答：“等一下哈。”话一开口，班主任老师急得不知说什么好了。可见，口头禅在一个人的第一印象中留下了不好的影响。

后来王刚也觉察到了这一点，便有意识地将自己的口头禅换成了“行，没问题，放心好了！”

有一次公司任务紧，领导过来找王刚，问他最近能不能忙里偷闲地再接个案子，王刚自信满满地说了句：“行，没问题，放心好了！”

话一说完，王刚自己就傻了，因为自己根本没有时间去做新的任务。对此，王刚懊悔不已，并暗暗下定决心要摒弃那些不良的口头禅，否则会对自己产生极大的不良影响。

口头禅带来的危害是显而易见的：沟通效果下降，原本可以通顺的一句话因为口头禅的加入变得让人难以理解。有时候由于不注意自己的口头禅，就会给对方留下不好的影响，很多口头语很强硬、刺耳，也容易引起对方的反感。

米琳在某公司做业务员，她对待工作认真负责，对待同事热情而又有礼貌，但是有一点很令领导担忧，米琳的签单率非常低。每次给客户打电话对方都不耐烦，拜访客户的时候也不受欢迎，米琳非常气馁，思来想去，她怀疑问题出在自己的口头禅上。

米琳也是在一次给客户打电话时，才发现自己总是动不动就说“随后呢”这三个字。纵然讲话的内容确实有个先后顺序，那也不一定句句都要加上“随后呢”。再说了，有些话语之间根本就不适合用“随后呢”来连接。米琳就自我分析了一下，然后就发现之所以总是说“随后呢”，多半是因为在说下一句之前，脑子出现了片刻的空当，无法自然流畅地衔接，于是“随后呢”就脱口而出。

从此后，米琳开始下意识地练习说话，把不良口头禅都扔得远远的，她的沟通能力果然提高了，签单率也提高了。

很多“口头禅”在心理上极易给人造成一种不舒服的感觉，尤其是在初次见面的时候，别人并不了解你这个人到底是怎样的，你要做的是维持好自己的形象，如果你总是一句一句地说口头禅，那么就很容易让人感到反感，第一次见面就被你的不良习惯给毁了，那你还怎么期望对方与你交流下去呢?

“口头禅”并不是不可改掉的，只要你从心理上认识到它的危害，努力去实践，相信一定可以让自己的话语变得更顺畅，我们可以从以下几点来实践:

1.请求朋友为你录音，做好监督

让身边的朋友在你不知情的情况下帮你录音，然后反复听自己在说话的过程中有哪些词语出现了多次并记在纸上，或者询问身边朋友的感受。让他们对自己进行监督，随时提醒自己。当自己不经意地说出不良口头禅时，旁边有人能够提醒，这样就会改变长期形成的习惯，杜绝不良的口头禅。

2.说话干净、利落

如果你是管理者，说话更要干净、利落、文雅，这不仅是交际的需要，也是培养个人良好谈话修养的要求。管理者讲话最忌带不文雅的口头禅。口头禅是一种不良的语言习惯，它有失管理者的风度，所以必须坚决戒除。

3.下定决心，不容忍自己犯错

许一个改掉不良习惯的诺言，并忠于它，不以各种借口原谅自己。有人说：如果容忍自己的不良习惯一次，就能容忍一千次、一万次。因此，如果已经下决心改掉不良的口头禅，就必须坚定地“痛改前非”，绝不能原谅“每一次”。

4.心态要好，不要紧张

保持心态的平和，放松心情，在与别人交流的时候不要急于表达自己的观点，尽量思考之后再说话。在没有把握的情况下尽量不说话，以免因为思路的中断而不得已使用口头禅。

5.严禁脏话口头禅

要改掉讲粗话、脏话的不良习惯，需要严格要求自己，自觉地从自己的言行入手，讲究文明，树立良好的个人形象。古人云：世上无难事，只怕有心人。每天提醒自己，不要说粗话脏话，有空就提醒，再加以抑制，只要有毅力，相信你会成功!

几乎每个人都有各自的口头禅，就像每个人都有不同的习惯动作一样。在不知不觉中，它已构成你个人形象的一部分，甚至是重要的一部分。你拥有某种气质的口头禅，你也就容易被人视为属于某种气质的人。所以说，想要在社交中不给人留下不合适的印象，你还是戒除口头禅为妙。

推己及人，先给予对方尊重

在任何情况下，尊重都是人与人之间交往的基础。一个人只有懂得尊重他人，给予他人尊重，才能赢得他人的尊重和信任，从而使人际关系更加和谐融洽。尊重，不仅在陌生人之间必不可少，在熟悉亲密的人之间也是沟通的桥梁，友谊发展的基础。

每个人，不管是在日常生活中，还是在工作中，都难免要与他人沟通。尤其是现代职场，我们经常因为工作关系需要与陌生人打交道。在给他人留下良好第一印象时，讲究“礼仪”给予对方足够的尊重，是必不可少的。人人都有强烈的自尊心，渴望得到他人的认可、肯定以及尊重，我们只有推己及人，恰到好处地照顾他人的颜面，才能博得他人的好感。

秦末汉初，张良有一天散步时走到桥下，突然看到有个粗衣布衫的老人坐在桥上。他看到张良远远走来，突然脱下鞋子扔到桥底下，说："小子，去帮我把鞋子捡回来。"张良看到老人倚老卖老的样子，不由得怒火中烧。然而看到对方年纪已经大了，因而转念一想：我年纪轻轻，为老人帮个忙也未尝不可。因此，他快步走到桥下，捡来鞋子，还亲自躬身为老人穿鞋。老人看到张良的表现，满意地笑了，说："孺子可教也，等到五天之后的清晨，你天一亮就还来这里等我。"说完，老人头也不回地走了。

过了五天，张良惦记着和老人的约定，早早起床来到桥下，不想老人已经等在那里了。看到张良，老人说："你这个小孩子，年纪轻轻，却让我这个老人家等你。今天就算了，你等再过五天，还是天亮来等我。"五天之后，张良再次如约来到桥上，但是老人还是比他先到，他依然迟到了。又一个五天过去，张良半夜就起床去桥上等着，足足过了两个时辰，老人才慢慢悠悠地来到桥上。看到张良，老人高兴地从怀里掏出一本书递给张良，说："只要你认真研读这本书，将来一定能够成就伟业，甚至可以担当帝王的老师。等到十年一过，你的成就必然不可与今日同日而语。十三年后，如果你在济北的古城山下看到一块黄石，记住，那就是我。"

趁着黎明微光乍现，张良拿起书细细看了起来。这本书名为《太公兵法》，里面详细记载了各种战略战术。张良如饥似渴，每日都认真研习兵书，最终战术高超，能够运筹帷幄，决胜千里。果然，张良得到了汉高祖的重用，于十三年后随同汉高祖一起路过济北。他记得老人说的话，因而特意去古城山下，也如愿以偿地看到了一块黄石。张良毕恭毕敬地请回黄石，一生将其尽心供奉，死了之后也与这块黄石合葬，也算是报答了老人的再造之恩。

张良之所以有此奇遇，就是因为他对老人的故意刁难毕恭毕敬，对于老人给予了足够的尊重。为此，老人才想将他作为衣钵传人，把绝世书籍《太公兵法》传给了张良。由此，张良的人生彻底改变，从一个默默无闻的人到成为汉高祖的左膀右臂，老人在其中的作用不容忽视。

尊重他人，原本是我们应该做的，不管对方是老人，还是年幼的孩子，我们都应该给予对方足够的尊重。否则，我们又如何奢求得到对方的尊重呢！人与人之间的很多事情都是相互的，我们必须推己及人，先尊重他人，才能如愿以偿地与他人彼此尊重，也会使得人际关系更加和谐融洽。

得体装扮，更容易打动对方

前面，我们强调说服的关键点在于攻心，事实上，我们要说服他人，第一步要做的就是给对方一个良好的印象。而一个人最先在无声中打动别人的办法就是靠自己的形象。好的形象可以给人留下心情愉快的印象，见了第一面，期盼第二面，或者不反感见第二面。而较差的或者不适当的形象则会给别人留下再也不想见的印象。

所以说，用什么样的形象打动对方的心，怎么才能通过形象使对方心动是很值得去细心体会和研究的问题。

小马是个刚毕业的研究生，这天上午他来到某国际知名大公司进行面试。

出于一些原因，他迟到了，当他冲进面试考场时，他没想到的是，面试的主考官竟然是这家公司的总裁，不免显得有些紧张，小马深吸了一口气。

这位总裁瞟了一下眼前的这位年轻人，只见他豆大的汗珠子从额头上冒出来，满脸通红，头发乱糟糟的，最奇怪的是，他发现，这年轻人居然穿着一件红色格子衬衣来面试。于是，他没好气地问："你是研究生毕业？"这句话里，明显有怀疑的意思。

"是的！"小马很自信地回答。接下来，总裁对小马进行了一番提问，这些问题都是专业性很强的问题。最终，总裁经过再三考虑，总算决定录用小马。

第二天，小马就来上班了。办公室的椅子还没坐热，总裁就把小马叫到了办公室。他对小马说："本来，在我第一眼看到你的时候，我就不打算录用你，你知道为什么吗？"小马摇摇头，一脸疑惑。

"你说你好歹也是个研究生，肯定也知道面试时该有什么样的礼仪吧？你当时就那么闯进来，满头大汗，头发也乱糟糟的，更严重的是，你居然穿个红格子衬衫，你要不是承认你是研究生，我还以为你是街头小青年呢！总之啊，你给我的第一印象太差了。要不是你后来在回答问题时很出色，你一定会被淘汰。"

小马听完，赶紧向总裁解释昨天发生那些状况的原因。原来，他在来面试公司的路上，遇见了一起车祸，他和其他路人把伤者送到医院，但他一身得体的衣服已经染了鲜血，于是，他只好赶回家换上了正在上大学的弟弟的衣服，死马当活马医。所以，时间虽然赶上了，却是一副狼狈相……

总裁听完后，才点点头，说："年轻人，真是难为你了，居然有这样的好品质，但是我还是得提醒你，以后与陌生人第一次见面，千万要注意自己的穿着打扮。”

上面的求职故事中，我们可以看出衣着对一个人的重要性。正如这位总裁说的：“要不是你后来在回答问题时很出色，你一定会被淘汰。”现实生活中，很多人就是因为不注重自己的穿着，而在这种决定职场乃至人生命运的重大场合给人留下不好的印象，与成功失之交臂。

古人云：“人要衣装，佛要金装。”自古以来，着装一直是个盛世不衰的话题，着装关乎到一个人的外在形象，在交际中，着装的作用就更明显了。尤其是在与人初次打交道与应酬中，得体、有品位的服装能给别人良好的第一印象。因为人们对他人的印象很大一部分是视觉上的，这就是“三分钟印象”。

可能很多人认为穿着打扮是一个令人费神的问题，要怎样穿着才能穿出品位、穿出神采？其实，要想穿出一身富有精气神的行头，也并非难事。对此，我们不妨从以下几个方面努力：

1.独特的着装风格

不管干什么事情，最忌讳的就是跟风，因为跟风很容易迷失自己，着装也是这样。既然着装反映了一个人的修养和品位，那么，我们就应该保持自己的着装风格，不要盲目地追赶潮流。

2.整体协调

着装的时候，不要把各个部分分开看，而要把它们作为统一的整体，进行合理地搭配，使之看起来和谐自然，完美衬托出你的气质。

3.干净整洁

不管在什么场合，也不管你所穿的衣服是昂贵还是便宜，首先的要求就是干净整洁，即使你因为家境贫寒而衣服上有补丁，也要保持干净清爽，因为这样能够使别人觉得你的内心是热爱生活的。当然，现在已经很少有人穿打补丁的衣服了，所以在保持衣服干净整洁的基础上，还要保持衣服的平整，最好不要有洗不掉的污渍等。

4.着装文明

现在很多人在着装的时候为了标新立异，往往穿得非常暴露。其实，正规社交礼仪要求人们不要穿过于暴露的服装、尤其是在正式场合，尽量不要穿袒胸露背，暴露大腿、脚部和腋窝的服装，更不要在大庭广众之下赤裸着胳膊。

5.着装技巧

在着装方面，假如有心学习，其实是有很多讲究的。例如，女士穿裙子时，所穿丝袜的袜口应被裙子下摆所遮掩，不宜露于裙摆之外；男士穿单排扣西装上衣时，三粒钮扣的要系中间一粒或是上面两粒，两粒钮扣的要系上面一粒等。

老话说得好，“佛要金装，人要衣装”“人靠衣装马靠鞍”。作为社会的一员，不管我们是否有足够的收入满足自己对于服装的要求，都要保证着装的朴实大方、干净舒适，这样才能给人留下好印象。

第 02 章
懂得寒暄，让你更加讨人喜欢

擅长交流的人，往往懂得寒暄对于交流的促进作用。作为人际沟通中关键的一部分，寒暄有着十分大的作用，这是人们建立语言交流的方法之一。寒暄，虽是客套几句，但它有助于营造利于继续交流的和谐气氛。

几句寒暄，拉近彼此距离

寒暄又叫打招呼，是人与人建立语言交流的方法之一。它能使不相识的人相互认识，使不熟悉的人相互熟悉、使单调的气氛活跃起来，为双方进一步攀谈架设桥梁，沟通情感。和陌生人初次见面，因为两个人彼此都不了解，所以谈话往往不知道应该怎样开始，这时，寒暄就可以派上用场。比如："今天天气不错！"或者"最近都在忙什么啊？"以此类话作为寒暄问候语。这些话听起来好像不重要，但是它们可以缓解尴尬的沉默气氛，让人感到亲切、舒适。

寒暄传递的是令人快慰、促进友好的信息，是社交交谈中不可缺少的"佐料"。一句"早上好！""再见！您慢走"传到对方耳中，送去的是温暖与关怀，所以寒暄之"暄"从"日"不从"口"，为温暖之意。社交中，通过寒暄，给对方多一些温暖与关怀，有利于沟通感情，创造和谐的交流气氛，这正是成功交际所需要的。

巧妙寒暄，拉近彼此距离，你需要做到以下几点：

1.注意声音的大小

寒暄时的声音不宜过小，小声说话往往会给人不够开朗或者缺乏自信心的感觉。这种人就算说话的内容再精辟，感染力也不会太强。

2.要充满感情

无论在学校、家里还是职场，"上午好""下午好""晚上好""晚安"这类的问候语要天天说。比如：新知故友在街上相遇时，要相互打招呼；同事之间每天在办公室见面时要相互问候；左邻右舍在电梯或楼梯上相逢时要互相打一声招呼……

3.要看对象、分场合

问候语具有非常鲜明的民俗性、地域性的特征。比如，老北京人问别人“吃了吗？”其实就是类似“您好！”的问候，你要是答以“还没吃”，就不大合适。如果会见外宾还用这句话问候别人，就容易发生误会。因此，如果你对对方的身份不是很了解，那就说一些比较常见的问候语，以免造成不必要的误解。

4.带着你的微笑

虽然寒暄时的用语和表达方式会因为每个人的文化和习惯有所差异，但是寒暄中的“笑脸”“主动打招呼”是普遍的准则。生活中许多人对于不带微笑的寒暄，极易产生不快的感觉。假如我们有求于别人，遭到别人微笑地拒绝，我们也不至于太过抱怨。同样是拒绝，如果对方虽然礼貌，却无半点笑容，我们就会觉得受到冷遇，不愉快的心情也就油然而生。

寒暄还能传递尊重和关心。试想，如果一位客服人员没有与客户寒暄，进门后只谈与工作有关的话题，恐怕客户会认为客服人员对自己不够关心，双方的关系也就不会那么融洽，当然，客户也不会主动说出自己的新需求了。

请考虑好恰如其分的称呼

人际交往离不开语言，如果把交际语言比喻成浩浩荡荡的大军，那么称呼语便是这支大军的先锋官，通常情况下，我们都是先打招呼再说话的。然而仅仅有称呼也不行，还要看你的称呼是否合适，因为人们对称呼的恰当与否，一般来说都很敏感。所以说，想要让一段交谈谈得顺心如意，请先考虑好如何称呼对方吧！

王丽今年三十岁，她自己经营着一家店，主要卖一些时尚的帽子及饰品，整天忙着店里的生意，也没有什么闲暇时间保养自己，所以外表上看来，王丽的年纪显得有些大，但是王丽最讨厌别人说自己的年纪大。

王丽去附近的商品城批发夏季帽子，一个二十四五岁的女孩子走了过来说道："阿姨，进货吗？快来看看吧，都是一些时尚的新款，非常漂亮，您肯定喜欢的。"王丽"哼"了一声，白了那位姑娘一眼，径直往前走。而到了另一家批发商那里，一位同样二十四五岁的姑娘热情地迎了出来道："姐，您是看帽子吗？您请进，有什么想法尽管跟我说，今年来了很多新款，挺时髦的，我给您介绍一下。"王丽闻听心情大好，来了兴趣，这边看看，那边摸摸，批发了很多帽子。

与人接触的第一句话、第一个词就是称呼。不知道怎么称呼对方，很难使对方产生亲近感，对相互沟通不利。所以，熟识的人见面，打招呼时要亲切地称呼对方；与陌生人联系，交谈之前更要想好恰当的称呼，以示尊重。

1.记住对方姓名

由于自尊的需要，每个人都希望别人能记住和尊重自己的姓名。与人寒暄时不只说 "您好"，而是在"您好"前面或后面冠以对方名字，这样做起到了很好的心理效应。我们对久别之后仍能一下子叫出自己名字的人，总是感动万分、钦佩不已，就是因为这个缘故。

2.注意对方的年龄

见到长者，一定要呼尊称，特别是当你有求于人的时候。比如：

“老爷爷”“老奶奶”“老先生”“老师傅”等，不能随便喊。看年龄称呼人，要力求准确。比如，看到一位二十多岁的女性就称“大嫂”，可实际上人家还没结婚，这就会使人家不高兴。

3.要注意对方的风俗习惯和文化背景

每个人来自不同的地区，有着不同的文化修养和宗教信仰，在称呼对方的时候一定要注意这些细节。比如对一个南方人，就不要称呼“师傅”，因为在他们的观念里，这是出家人的专用词语。

4.对领导的称呼要区别不同的场合

在日常生活中，对领导可不称官衔，以“老张”“老李”相称，明智的领导会欢迎这样的称呼的，因为这样使人感到平等、亲切，也显得领导平易近人，没有官架子。但是，如果在正式场合，如开会、与外单位接洽、谈工作时，称领导为“赵局长”“孙厂长”“李经理”等，常常是必要的，因为这能体现工作的严肃性并维护领导的权威性。

与人相处时，本着称呼恰当，讲究分寸的原则，这本身就是一个非常好的习惯，有利于沟通。一声亲切的称呼、一句良好的问候，消除了沟通的障碍，展现了自己的热忱和尊重。所以，千万不要小看日常交往中的称呼，时刻注意称呼是否恰当是社交中必须要做的事情。

漂亮开场白，吸引对方兴趣

卡耐基曾经说过，“开场白是讲话者向听众最先发送的信息，它如戏曲演出前的开场锣鼓，直接影响到听众的心态”。很多正式场合下的讲话都是经过精心准备的，比如开会时的侃侃而谈，之前都会在准备上下一番功夫。但是，有很多时候，充分的心理准备并不代表着开场白中的精彩。毕竟，万事开头难，要想很快进入话题，引起别人的兴趣，就需要一个漂亮的开场白，短短的几分钟之内引起别人的兴趣从而能够保证将会议和谈话进行下去，取得理想中的圆满效果。

在和别人说话的时候，第一句话是最关键的。如果说得好，就能够给对方的心里留下十分深刻的印象，甚至还能终生铭记。假如说得差，就很有可能让别人产生厌恶的情绪，甚至会产生老死不与之相往来的想法。因此，我们在说话的时候，一定要注意多动脑筋，仔细想想第一句话该怎样说，短短的几分钟，该设计一个怎样的开场白。

有一次，国画大师范增应邀参加国际数学大师陈省身执教五十周年的纪念会。在会上，范增做了一个别开生面的发言。他说："你们知道今天参加这个大会的人谁的数学最差吗？不自谦地说，那就是我！数学是什么，我搞不懂。它无声、无香、无味、无触、无法，它摸不着看不见说不清却无处不在。纤维丛是什么？我曾经就这个问题请教过胡国定教授，他告诉我纤维丛这个东西很难说清楚。于是我又请教了杨乐，杨乐对我说'它到底是什么，你还是不要问了吧，我给你说你也听不懂'。"

台下的观众们听了，纷纷大笑起来，主席台上的陈省身先生竟然连眼泪都笑的都流出来了。

范增先生是一个大画家，虽然在数学方面是个十足的门外汉，但是也没有影响到他的社会地位和绘画艺术。不过，他却能够用在数学上的不足来作为开场白。在讲话中，他用自己对数学的一窍不通来和陈省身的学识渊博故意做了一下比较，风趣的话语里一方面表达了对陈老的尊敬，一方面又赞扬了陈老在数学领域中的造诣，从而给在场的每一个人都留下了一个深刻的印象，获得了观众们热烈的掌声。

1.不妨聊聊天气

曾经有人说过，天气是一个永不过时的话题。在和陌生人见面交谈时，不妨用天气作为切入点，做一个比较漂亮的开场白，以摆脱初次相识的客套和生疏。利用天气创造出一种自然放松的谈话氛围，犹如写文章时候的大处着眼，小处入手，进行一个自然的衔接和过渡，就会起到很好的效果。

2.从对方的兴趣爱好入手

我们须知，独具特色的开场白并不是轻易之间就能形成的，它不仅需要一个人的聪明才智，更需要对对方的细心观察和了解。这就要求着我们在社交场合要多动一下脑子，了解听者的兴趣和爱好，寻找一个可以吸引人的话题来做开场白。

3.灵巧的开场白会使你成为受欢迎的人

无论是和一个陌生人进行交谈还是去参加一个由陌生人组成的聚会，我们都应该细心观察，用心思考，精心设计出一个漂亮的开场白来，做到了这一点，我们就能够成为一个比较受欢迎的人。

先声夺人，奠定沟通基础

与人交往时，我们所说的第一句话至关重要。首先，第一句话往往有着先声夺人的效果。即便对方还没有来得及细细观察你，也不知道你的脾气秉性、为人品质等，也能通过你的第一句话对你有所了解。最重要的是，如果你的第一句话震撼人心，则对方一定会被你吸引，聚精会神地听你讲第二句话。如果你第一句话就说得毫无气势，那么对方就会对你失去兴趣，更不会接着你讲下面的话。如此一来，即使你下面的话再精彩，也需要耗费很多精力和时间才能再次吸引他人的注意。

很多人都曾有过演讲的经历，或者至少听过演讲。演讲的时间往往短暂，如果不能在开场白时就吸引广大听众，演讲则很难获得成功。因而，我们在演讲时第一句话就要说的扣人心弦，因为第一句是最重要的，是奠定整个演讲基调的一句话。当然，虽然我们的生活不必要天天演讲，我们也不是演说家，但是我们每天都难免要与他人交流。这些人或者是陌生人，或者是熟悉的人，但是因为交流的目的不同，我们依然要吸引他们的注意力，从而让自己的表达达到一定的效果，唯有如此才能让下面的交往更加顺利。

1883年，马克思去世，为了悼念一生的革命战友和挚爱的朋友，恩格斯发表了著名演讲，题目是《在马克思墓前的讲话》。内容如下：3月14日下午，还差一刻钟三点时，现代社会最杰出的思想家、共产主义的先驱停止了思想。仅仅让他独自留在房间里两分钟，等到我们再次进入房间时，发现他已经开始在安乐椅上熟睡——再也不会醒来了。对于欧美国家的无产主义者的战斗，对于历史科学的探索和研究，马克思的离开都是难以估量的惨重损失。在不久的将来，人们必将感觉到，这颗巨星的陨落，会给后世带来无法弥补的空白。

在这篇简单而又悲痛的演讲稿中，恩格斯没有说马克思去世，而是说这位巨人停止了思想，突然间就永远地睡着了。这样委婉的表达，让人深刻感受到恩格斯因为马克思的去世而产生的悲痛之情，也使悲痛的气氛弥漫开来，让人感同身受。毫无疑问，在场的每一个人都会被恩格斯这充满悲痛的悼念感染，沉浸在对马克思的深切怀念中。这就是与众不同的开场白独特的魅力和神奇的力量。

在日常生活中，与他人交流时，我们也应该用心说好第一句话，这样才能牢牢吸引他人，让他人更加聚精会神地听我们讲话，从而更好地领悟我们的意思。毫无疑问，每个人都难免要与他人交流，而交流作为人与人之间思想沟通的重要手段，起到难以替代的作用。要想建立良好的人际关系，我们就必须勤学苦练说话的基本功。尤其是在人多的场合，更是只有说好第一句话，才能帮助我们成功吸引他人注意力，如愿以偿地达成自己的心愿。诸如在职场上，很多公司在年终总结时都会举行盛大的年会。在这一年一度的年会上，有心人会想办法让自己从众多人中脱颖而出。不可否认的是，能够脱颖而出且成功吸引众多领导注意力的人，一定能在未来的工作中有更多的机会，也会得到更多机遇。相反，如果一个人总是默默无闻，则很难成功吸引眼球，更别说从公司的济济人才中脱颖而出了。那么如何在年会上脱颖而出呢？对此，每个人都有自己不同的做法，有人通过表演、搞笑博得眼球，有人通过低调内敛的发言吸引领导注意，也有人通过猎奇夸张的话毛遂自荐。不管使用哪种方法，精彩的语言表达都是必不可少的。如果你对自己的未来有着良好的规划，不如也从现在开始就勤学苦练说话的基本功吧。尽管说话不是你平步青云的唯一条件，但却是你通往成功之路的必要条件。因而，每个人都应该对说好第一句话足够重视，且付诸实践。

善用套近乎，拓展人脉关系

在面对陌生人时，如何与他人“套近乎”，这是个难题。一旦我们解决了这个难题，与陌生人搭讪的成功率就会极大提高，当然，我们也会因此结识更多的人，为自己争取更多的机会。常言道，多个朋友多条路，我们唯有抓住每一个机会为自己拓展人脉关系，才能在职场上因为丰富的人脉关系而如鱼得水。

也许有人会说，人应该凭着真才实学闯荡社会。不过，这只是最重要的条件之一，而并非充要条件。也就是说，除了拥有真才实学之外，成功还需要很多其他因素的辅助。正如古人所说，天时地利人和也。由此可见，要想成功，人和是必不可少的要素之一。套近乎尽管被很多人忽视，却依然势不可挡地成为成功的必要条件。套近乎为什么这么重要呢？首先，套近乎能够帮助你与他人之间搭上关系。如果你人脉关系丰富，不管做什么事情都能找到贵人助自己一臂之力，那么你的成功肯定会变得更加容易一些。其次，套近乎可以让你与他人的关系更加融洽，即使是与陌生人攀谈，套近乎也能拉近你们彼此之间的距离，让他人逐渐消除对你的警惕和排斥心理。举个最简单的例子，如果你是推销员，则你一定要学会与他人套近乎。因为大多数情况下，陌生人戒备心理的产生都是因为缺乏安全感。一旦你与他之间建立某些联系，则会让他产生熟悉亲切的感觉，安全感也就自然建立，你们彼此之间会更加信任和宽容。这样一来，交往自然水到渠成。

作为二手房经纪人，婷婷的销售业绩始终是店里最好的。但婷婷的学历并不是最高的，长得皮肤黝黑，也算不上漂亮，说起话来还总是直截了当，为何她的业绩这么好呢？很多客户只要跟着婷婷看过房子，就总是对她忠心耿耿，这让其他同事羡慕不已。

前段时间，婷婷无意间认识了一个客户。这个客户是个年轻的小姑娘，看起来二十七八岁，而且话比较少。第一次接触这个客户，婷婷觉得心里没底，很快看完几套房子，她就与客户分开了。到第二次看房中间大概经历了两个多星期。原本，婷婷都觉得客户可能没什么意向了，不想客户又同意跟她看房。这次，婷婷带客户看了好几套房子，历时两个多小时。好不容易看完房子，婷婷把客户带回店里，听到客户接电话时，电话里传来河南口音。婷婷喜出望外，好不容易等着客户打完电话，赶紧惊喜地问："刚刚给你打电话的是河南口音？"客户点点头，说："是我男朋友的妈妈，她家是南阳的。"婷婷高兴地说："哈哈，咱们是老乡啊，都是河南人的媳妇儿。"客户也很惊讶说："你老公也是河南的？""对呀，我老公是南阳镇平的，你男朋友家是哪里的？""就是南阳市区的。""太让人惊讶了，以前在北京生活时，我们身边很多河南人。现在到了南京定居，我以为河南人很少了呢！"这下子，轮到客户惊讶了："你还在北京生活过？""对啊，我在北京生活了十几年，为了给孩子落户，才来南京定居了。""太巧了。"客户也觉得难以置信，"我男朋友的爸爸现在还在北京工作呢，就住在燕郊。"婷婷马上找到了话题，更加滔滔不绝："燕郊是河北的地方，不过距离北京东城望京等地特别近，所以有很多人在那里居住，在北京上班。""就是的，我男朋友的爸爸就在望京上班。这下好了，既然你老公也是南阳人，你们还在北京待过，我觉得你就能更好地与我男朋友的爸爸沟通了。我们买房是老人家出钱，所以得他拿主意。"就这样，客户把未来公公的电话留给婷婷，让婷婷直接与他沟通。婷婷当然得心应手，还未见面，就与这个老乡聊得兴致盎然。后来见面之后，婷婷还特意与老公一起邀请老人家吃饭呢，他们变成了老乡和朋友，买房自然是在婷婷这里买了。

婷婷很聪明，心思敏捷，因而在客户的一通电话之后，马上找到了套近乎的理由。作为河南人的儿媳妇，尽管客户只是准儿媳妇，但是既然已经着手开始买婚房了，自然也是对着与河南有关系的人和事有着莫名亲近的。如此套近乎，恐怕让人始料不及，也幸好巧合的作用，婷婷还找到了与客户的未来公公的又一个重要共同点，即客户的未来公公在北京生活。对于北京，婷婷在那里生活了十几年，自然是非常熟悉且有着很多话题的。如此一来二去，她与客户的关系也越来越亲密，自然工作也就水到渠成了。

现代社会，尤其是在大城市里，打拼的人们往往来自全国各地。人与人之间很难像在老家的小地方那样攀上亲戚关系，但是套近乎并非局限于亲戚关系。细心的人会发现，要想与他人套近乎，其实有很多关系都可以用得上。例如，老乡关系（同省的都可以成为老乡，如果在国外，则中国人全都是“老乡”），校友关系，驴友关系，或者志同道合，有着共同的兴趣爱好，都可以以此套近乎。

第03章

风趣幽默，让社交充满趣味和快乐

风趣幽默，是口才的最佳技巧，它可以使口才艺术的运用更显巧妙，让人际交往更显奇妙。一句风趣的话，逗人发笑；一句幽默的话，可化解尴尬于无形之中。言语风趣幽默，让社交充满趣味和快乐。

富于幽默，做一个受欢迎的人

我们毫不怀疑幽默的力量，可以说，幽默可以让你像明星一样受欢迎。在生活中，即便我们没有真实看见明星出场的场景，在电视上也见得不少，那些粉丝们的欢呼声、喝彩声一片接着一片。虽然，在现实生活中，幽默的人也许不会受到这样隆重的欢迎，但是，总是受人喜欢倒是常事。现代社会，人际关系越来越复杂，许多人整天摆着一副冷脸，不是“九点十五分”的扑克脸，就是“七点二十五分”的苦瓜脸，假如再这样下去，那身边的朋友也是不会上门的，更别说财神爷了。

我们经常会强调“人生无处不销售”的概念，不仅仅是销售商品，还有把自己推销出去，而且要销售出一个“好价钱”，让大家肯定你、欢迎你、觉得可以认识你，希望可以跟你做朋友。当然，假如你正好是一个幽默的人，那你就可以在人际中享受明星般的待遇了。

幽默，它可以使人与人之间积极交往，可以降低紧张，制造轻松的气氛；可以帮助人找到冲突和情绪困扰的原因；可以用安全不带威胁的方式表达内心的冲突。

在生活中，那些具有幽默感的人，他们往往可以挖掘出事情有趣的一面，可以欣赏到生活中轻松的一面，从而建立出自己独特的风格和幽默的生活态度。这样富于幽默的人，让人容易产生亲近他的念头，这样的人，使那些接近他的人也会感受到轻松愉快的气氛。当然，这群幽默的人总是那么受人欢迎。

幽默，让你拥有明媚开朗的人生

古人云：笑一笑，十年少。由此可见幽默对于人保持年轻的心态和健康的身体都是非常重要的。幽默不但是人际交往的技巧，而且是一门艺术。此外，幽默还能增大人们的肺活量，对人的身体健康也有好处。当然，有很多细心的朋友都会有这样的发现，在欢声大笑之后，原本抑郁的心情仿佛真的一扫而空，幽默的确带给人愉悦的情绪体验。因而自古以来，幽默就有很好的强身健体和愉悦心情的效果，具备超强的养生功效，当然对于人际交往的辅助作用也不容小觑。对于每一个想要成为社交新星，也想变得众人瞩目的人而言，都应该努力提升自己的幽默能力。

自古以来，很多西方国家的人就很重视幽默的能力。不但很多女性朋友在寻找伴侣时注重对方是否幽默，很多人在结交朋友，或者是招聘人才的过程中，都会非常重视幽默的能力。生活不如意十之八九，人生不可能永远顺遂如意，所以我们唯有更加幽默，才能让自己笑口常开，也才能让自己驱散生活中的阴霾，从而使人生更多一些欢声笑语。

英国大名鼎鼎的作家萧伯纳曾经评价幽默："对于一辆马车而言，幽默就像是减震弹簧，能够避免在布满小石子的路上不停地颠簸。"的确如此，社交场合就像是一条坎坷崎岖的路，我们很难一帆风顺，而且有的时候还会因为一些的突发状况，导致产生各种意外。在这种情况下，我们是否能够机智灵活地运用幽默化解尴尬，就显得尤为重要。尤其是在人多的情况下遭遇冷场或者尴尬时，如何巧妙运用幽默打圆场，往往决定了交谈下一步的进展能否顺遂。因而，我们必须运用幽默锻炼自己的语言表达和人际交往能力，从而才能让自己得到更多人的肯定和认可。

苏格拉底是古希腊大名鼎鼎的哲学家，人人都知道他的妻子非常彪悍，但是他却能够和妻子和谐相处，很少与妻子发生冲突。有一天，苏格拉底正在给学生们上课，学生们亲眼见识了他妻子的厉害。正当苏格拉底全神贯注给学生们讲授知识时，妻子突然怒气冲冲地冲进教室，劈头盖脸就对着苏格拉底一通骂。苏格拉底不以为然，等到妻子离开之后，依然专心给学生们讲课。然而没过多久，他的妻子又拎着一桶水冲进教室，而且还把整整一桶水都浇到苏格拉底头上。苏格拉底从头到脚浑身都湿漉漉的，原本学生们都觉得就算苏格拉底再有涵养，脾气再好，也肯定会大发脾气的。没想到，苏格拉底等到妻子走后，擦干净脸上的水，笑着说："我就知道，雷声之后，暴雨一定会随之而来。"听到苏格拉底幽默的话，学生们忍俊不禁嘻嘻哈哈地笑起来。就这样，苏格拉底只以一句简单的话就化解了自己的尴尬，也让学生们能够继续上课，把之前的不愉快全都抛之脑后。

现实生活中，因为每个人都是这个世界上独一无二的个体，而且每个人的脾气秉性都是完全不同的，因而人与人之间难免产生隔阂与摩擦，也会因此陷入尴尬的冷场和沉默之中。在这种情况下，懂得幽默的人则能够以幽默打破人与人之间的坚冰，让彼此从冷场进入热烈的气氛中，这样人们之间的不愉快才能烟消云散。特别是在如今复杂的社会场合，假如我们和熟人交往时产生不愉快尚且可以相互体谅和理解。但是如果我们面对的是陌生人，那么因为彼此之间缺乏理解，我们很容易因为小小的不愉快就与对方心生隔阂。要知道，心结易结不易解，最好在交往之初就奠定良好的基础，这是比事后弥补更加明智理性的选择。

一般情况下，幽默的人都是有共性的，诸如性格开朗、积极乐观、心胸宽广。在社交场合，幽默的人仿佛具备神奇的磁场和吸引力，能够把很多人都吸引到他们的身边，忠诚地环绕在他们周围。当然，需要注意的是幽默和滑稽是完全不同的，更与低俗的玩笑不是一回事。也许滑稽和低俗的玩笑能够使人当时发笑，但是却很少能够给人带来真正的智慧和反思，面对人生的波折和坎坷，只有具备幽默能力，我们才能给自己寻找到更多的快乐，也能够给他人带去更多的欢声笑语。如果说负面情绪是一种毒药，那么幽默则能够成功化解负面情绪的毒，也能改变人生的厄运，使人们拥有明媚开朗的人生。

言语风趣，融化人际交往的坚冰

人与人相处时，最尴尬的情况就是发生冷场。尤其是在与陌生人相处时，假如好不容易才与陌生人成功搭讪，却因为一言不合，陷入难堪的沉默，那么无异于功亏一篑，会导致交谈不欢而散，甚至还会伤害我们与陌生人之间的良好关系。

每个人在一生之中都不是一帆风顺的，每个人都会面临生活各个方面的坎坷和不如意。现代社会人际关系被提升到前所未有的高度，人脉资源更是很多人非常重视的资源之一。所谓多个朋友多条路，多个敌人多堵墙，尤其是作为职场人士，当认识的人更多，拥有更多的朋友，也就更多了一些可能性。所以，我们必须充分认识到人际关系的重要性。

当然，经营好人际关系并非是轻而易举的事情。人的心往往是很难揣测的，尤其是在交往和交谈的过程中，更是充满了各种不可控因素。所以要想与他人更好地交谈、交往，我们更要提升自己的应变能力。当我们能够打破尴尬和沉默，成功解救冷场，那么我们的人际交往能力就会进很大一步，我们也会因为成为冷场的救星，而得到更多人的认可和尊重。

那么，也许有朋友会问，用幽默化解尴尬，到底要怎么做呢？其实很简单，只要我们机智灵活，也能够及时应变，那么我们就能巧妙使用各种幽默的方法化解尴尬。诸如我们可以利用同音字化解幽默，或者以子之矛攻子之盾，从而将错就错，让对方无法反驳我们，只能哑巴吃黄连有苦说不出。当然，幽默的方式是为了营造良好的谈话氛围，所以我们才能成功打破冷场，融化人与人之间的坚冰，让事情如愿以偿。

在宽阔的道路上，一辆公交车正在向前疾驰。突然，一只小狗从路边冲出来，导致公交车司机一脚急刹车。坐着的乘客们还好，可以及时扶住前排座位的把手，避免被磕碰到。站着的乘客可就倒霉了，一位男士毫无防备地冲到一位女士的身上，险些把女士撞倒。当时正值夏季，每个人都穿得很单薄，因而女士当即破口大骂，喊道：“你怎么回事，什么德行啊！”男士其实也很尴尬，又不能反驳是因为公交车司机急刹车，为了消除女士的愤怒，他当即灵机一动，说：“女士，我很抱歉，不过这真是不是什么德行，而完全是因为公交车的惯性。”男士话音刚落，车上的乘客们就爆发出友善的笑声，女士也忍俊不禁，再也不生气了。

这时，公交车司机马上道歉："很抱歉，对不起啊，刚才马路上冲出来一只小狗，我下意识地就踩了刹车，没有给大家造成伤害吧！"大家纷纷表示理解，没有人责备公交车司机，转眼之间整个公交车厢里都弥漫着友好的善意。

在这个事例中，男士因为公交车突然刹车，导致撞到女性，原本也不是他的错，但是他却被女士狠狠批评一顿。幸好这位男士修养很好，没有当即为自己辩解，更没有对女士反唇相讥，而是以"惯性"和"德行"的大同小异，巧妙解释清楚事实，而且还博得了大家谅解的笑声，也最终如愿以偿赢得女士的宽容和理解。

人的本质就是群体动物，每个人都很难脱离人群生活。在人与人交往的过程中，人们难免因为各种原因产生各种摩擦，在这种情况下与其因为与他人针锋相对而导致人际关系恶化，不如以幽默的方式化解尴尬，这样不但能够消除尴尬，化解冷场，也能够起到活跃气氛的作用，使得人际关系更加和谐顺畅，更加美好。

比喻修辞，为幽默锦上添花

现代社会，很多人都意识到人际交往的重要性，也更加注重提升自己幽默的能力。的确，生活中处处都有幽默，也应该处处都充满了快乐。不过，要想让幽默的形式更多，更生动，我们必须采取更多的方式表达幽默，这样才能让幽默具有永恒的生命力。

很多恰到好处、活灵活现的幽默，都是与比喻分不开的。众所周知，比喻是一种修辞方法，它是由本体和喻体组成的，特点就在于把本体和喻体的共同之处融合起来，使其成为和谐的对比与统一。当比喻被提升到一定高度，就能够达到幽默的效果，因为它的和谐、相容、类比等的运用，往往能够打开人们的想象力，使人们忍俊不禁。尤其是当我们比喻非常恰当的情况下，即便不加入笑点，也能给人留下深刻的印象。因而朋友们，如果你们想要成为一个幽默的人，那么不仅要提升自己的文化素养和知识涵养，更要让自己变得有才情，对比喻信手拈来。这种情况下，再加上幽默风趣的语言，则效果一定出人预料。大名鼎鼎的马云之所以威震互联网行业，除了他的才华和能力之外，也因为他非常擅长管理。每次给下属开会，他的风趣幽默都使下属很放松，他们之间和谐融洽的关系也使得下属能够以更加轻松自如的态度，面对他们的上司，在工作上也会有突出的表现。有一次，马云再给下属开会时，就以唐僧的团队作为比喻，给下属们上了一堂生动的课。

其实，马云不仅仅使用唐僧的团队来比喻自己的团队，也曾经用婚姻比喻艰难时期的阿里巴巴和投资者之间的关系，这样的比喻非常形象贴切，使听者很容易就明白他的想法和态度。虽然我们无法做到像马云一样随时随地地把比喻运用到幽默中，但是我们也可以尽量提升自己运用比喻的能力。诸如，我们平日里可以多多看书，开阔自己的视野，增加自己的知识储备。我们必须记住的是，任何人，不管他说起话来多么字字珠玑，在此之前一定经历了漫长的积累。假如我们的思维非常僵硬，是无论如何也不可能说出浑然天成的比喻来的。

当然，饭是过犹不及，我们在运用比喻发挥幽默的能力时，也应该把握好度。我们所说的幽默和比喻都应该准确贴切，而不要牵强附会。而且，还要适度。当我们过多地运用比喻，则很容易使人感到不知所云，尤其是当我们使用的比喻并非尽人皆知时，比喻就会使我们的发言变得艰涩难懂。归根结底，我们表达的目的是向其他人传达我们的意见、态度、观点等，不管我们使用何种方式，都不能舍本求末。唯有让我们的表达达到预期的效果，幽默才能起到锦上添花的作用。

恰到好处运用民间俗语

中国有上下五千年的悠久文化，因而不但文化博大精深，就连民间俗语、歇后语等也发展得异常繁荣。尤其是当我们深入民间与人交流时，往往发现那些普通百姓说起话来非常有智慧，这就是经验丰富的妙处。当然，要想根据不同的情形巧妙运用歇后语，我们必须尽量丰富自身的词汇量，尤其要深入民间生活，这样才能多多积累那些说起来朗朗上口、异常生动美妙的歇后语、俗语等，充实我们自身的语言，让我们的词汇更加丰富详实。

通常情况下，假如一个人能够在与他人交流的过程中适当使用俗语、歇后语等，就会使交流效率倍增，也能使他人更加乐意听到你生动的表述，从而愿意与你进行良好的交流。当然，俗语和歇后语往往都是从很多含义深刻的故事演变过来的，不过在漫长的历史过程中，它们现在的意思和此前的意思已经有了很大的改变，因而我们要想恰到好处地运用这些语言，就必须了解它们背后隐藏的故事，准确理解和领悟它们的含义，从而做到正确使用，以免引起误会，或者导致事与愿违。

自从大学毕业之后，乔宇就留在大城市工作了。因为敢于吃苦肯拼搏，几年之后他已经成为公司的中层领导，可谓事业有成，春风得意。当然，他的薪水也随之水涨船高，从刚毕业时的四千多经过几次加薪，如今已经月薪过万。得知乔宇一个月挣这么多钱，家里有很多亲戚朋友都想向他借钱，更有很多同学仗着和乔宇关系好，也都毫犹豫地开口。

有一次，有个同学因为要买房结婚，居然张口向乔宇借十万块钱，乔宇既不好意思直接拒绝同学的请求，又实在没有这么多钱借给同学，更因为他自己也想早作买房的打算，因而发自内心地不想把钱借给同学们，因而他说："哎，我不是不想帮你，实在也是泥菩萨过河——自身难保。你看，你在老家买房子也就五六十万，我也正准备在工作单位旁买房，一平方米就要三万多，买个四十平方米的都要一百多万。实不相瞒，我也正在四处筹钱呢，所以哥们儿别怪我，谁让咱们是同年的而且还都赶在一起成家立业呢！"听了乔宇的话，同学一下子也理解了他的窘境，对于都要娶妻结婚的人而言，房子真是伤不起啊。为此，同学哈哈大笑："听你这么说，你还真是泥菩萨过河自身难保啊！咱们可真是难兄难弟，好事坏事都赶在一起。"

通过使用歇后语，乔宇准确形容了自己的状况，甚至比同学更加压力山大，为此，同学也完全能够理解乔宇的意思，因而非但没有怪罪乔宇，反而非常理解乔宇，对乔宇的感受也感同身受。这样一来，他与同学之间的关系非但没有因为拒绝而变得生疏，反而因为彼此都是难兄难弟，因而更加相互理解，感情反而更深厚了。

人与人之间的交流无法离开语言，作为沟通的媒介之一，我们除了要提高自身表达的能力和技巧外，还要学会使用生动活泼的俗语、歇后语，这样才能让我们的语言变得更加准确生动，也能恰到好处地表达我们的情感，准确表达我们的心意。如此一来，人与人之间的交流自然变得更加和谐融洽，也能起到事半功倍的效果。

灵活思维，意料之外的幽默言语

曾经有人说，幽默是人类智慧的最高表现形式，既然人们给予幽默如此之高的评价，我们在与人相处时也要发挥幽默的能力，给自己和他人带来快乐。然而，对于幽默很多人都存在误区，有的人觉得幽默是开玩笑、说笑话，其实不然。相比起玩笑和笑话，幽默显然级别更高，也更加“高大上”。在人际交往时，幽默就像润滑剂，既能够给人们带来快乐，也能够缓和人际之间的关系，帮助人们活跃交谈的氛围。但幽默绝不是低俗的玩笑，或者是阿谀谄媚。

当然，人们做任何事情都有一定的目标存在，在向他人表现幽默时，也应该做到有的放矢，才能一针见血。对于一个懂得幽默的人而言，即使面对尴尬的情况，也能够凭借机智灵活应对。如果能够恰到好处地幽默，则更能够给我们带来意想不到的效果，也使人际之间的交往更加和谐融洽。

作为法国大名鼎鼎的剧作家，贝尔拉非常幽默机智，常常能给身边的人带来欢笑。有一次，他去一家顶级餐馆进餐，侍者送来汤，贝尔拉却摇摇头，说："我不能吃这种汤。"侍者态度非常好，马上表示歉意，然后端走汤，然后再次送来菜单，并且耐心等待贝尔拉点了一种汤，又下单让厨房抓紧时间做。没想到，等到侍者把厨房新做的汤再次端上来之后，贝尔拉依然摇摇头，说："我不能吃这种汤。"侍者以为遭到恶意刁难，因而赶紧找来餐厅经理，餐厅经理问贝尔拉："请问先生，您对这种汤有何不满意吗？刚才您所点的两种汤是我们这里口碑最好的，很多顾客都对其交口称赞呢！"贝尔拉这才笑着说："我自然知道这是你们的经典汤品，不过我真的不能吃它。"经理百思不得其解，问："请问您能说说原因吗？"贝尔拉的回答简直让在场的人都难以自持地笑起来，原来，他一本正经地说："我没有汤勺。"

贝尔拉不愧是著名的剧作家，对于语言的运用和情节的把握恰到好处。他最后的那句"我没有汤勺"堪称点睛之笔，给前面铺垫的悬念带来了极佳的幽默效果。如此一针见血的回答，让原本心悬起来的餐厅经理和侍者也如释重负，非常欢乐。这就是幽默，虽然只有寥寥数语，却能够形成强烈的效果，也使得人们对这样的幽默印象深刻，难以忘怀。

当然，没有人天生就懂得幽默，或是具备幽默的能力，大多数情况下，人们的幽默都是经过后天培养的。只要养成幽默的习惯，我们就能口吐莲花，也能够给他人留下良好的印象，给自己和他人都带来快乐。总而言之，懂得幽默的人才能处处受人欢迎，也才能成为社交场合的宠儿。

第04章

好的话题，让沟通可持续且不尴尬

日常交际中，促进沟通有序进行的当然是好的话题。人与人之间进行语言交流，若只是寒暄几句之后就再也找不到话题，那就只剩下尴尬的气氛。善于找到好的话题，才会让沟通可以持续且不尴尬。

让对方感兴趣的才是好的话题

很多人都想找到沟通的突破口，却总是不得要领，实际上，一切事情都只有从根源着手，才能最大限度地解决问题。沟通，也是如此。我们只有从心理上说服他人，才能让他人更加愉悦地与我们交流，而且敞开心扉，毫无隔阂。可以说，心理学上的突破口，是人们彼此之间敞开心扉沟通的大门。尤其是在现代社会，人们几乎每天都要与他人交流，而交流的主要方式就是语言的沟通。当你顺畅自如地与他人谈话，彼此之间毫无隔阂，你的人缘也必定越来越好，良好的人际关系不但能够帮助你的生活更加便利，也会让你的事业如鱼得水。

需要注意的是，良好的沟通应该从浓厚的兴趣开始。倘若你刚刚提出一个话题，就被对方毫不犹豫地否决，则你必然很尴尬。如果思维敏捷，还可以马上转移话题，进行新的尝试，但是如果思维迟钝，则只能尴尬相对，甚至是无言以对。由此可见，选择话题是非常重要的，这就像一个写文章的人必须写出一个最精彩的开头才能吸引读者继续看下去。

意大利著名的科学家伽利略曾经在年轻时被父亲强迫学医。在他刚刚17岁时，父亲就不由分说地把他送到比萨大学的医学院学习。然而，伽利略对医学并不感兴趣，却对科学情有独钟。他在听到静力学和力学之后，突然就爱上了与此相关的科学。然而，他也知道父亲是非常执拗的，如果直截了当地提出不愿意学习医学的想法，一定会遭到父亲的拒绝。为此，他思来想去，终于找到了一个成功率比较高的说服方法。

在假日的一天，伽利略走进书房问父亲：“父亲，您与母亲是怎么认识的？”父亲抬起头，把视线转向儿子，说：“我爱她。”伽利略又问：“那么，在母亲之后，您还曾经爱过别的女人吗？”父亲连连摇头，说：“怎么可能呢？我对你母亲一见钟情，看到她的那一刻，我就决心要娶她为妻。”伽利略以羡慕的口吻说：“难怪，您与母亲一生之中都恩恩爱爱，从未争吵过，婚姻也幸福和谐。”父亲笑着说：“你这孩子，观察还挺细致。”伽利略随即话锋一转，说：“现在，我也和您当年一样一见钟情了。”父亲听了之后惊喜地问道：“一见钟情？难道你有心仪的姑娘了吗？快说给我听听！”伽利略为难地说：“我对科学的喜爱，就像您当初对母亲一见倾心一样，再也不会爱上其他的女人。父亲，我虽然年纪轻轻，但是我并不沉迷于爱情，我也不会三心二意，经常改变心意。相反，我只想与科学终生为伴，在科学的道路上勇攀高峰。”听了伽利略的话，父亲的脸色沉下来，伽利略继续说：“父亲，您很有才华，家庭生活也美满幸福。我呢，我继承了您的优点，我想要在学术的道路上有所建树。我想，我不会增加您的负担，我愿意去申请宫廷的奖学金。如果有一天，您能骄傲地告诉别人您是科学家伽利略的父亲，我想您一定备感荣光……”父亲点点头，说：“你说得有道理，我愿意去帮你申请宫廷奖学金，帮助你实现梦想。”伽利略激动地向父亲保证：“父亲，我一定会成为一个让您骄傲的科学家。”

在这个事例中，原本父亲只想让伽利略学医，但是伽利略首先从父亲一生引以为傲的爱情说起，让父亲饶有兴致地听他说下去。接下来，他才从父亲对母亲的一见钟情过渡到自己对科学的沉迷，从而成功打动父亲改变心意，支持他学习科学，在科学领域继续深造。由此可见，再固执己见的人，也会有自己感兴趣的话题。在说服他们时，倘若我们能从他们最感兴趣的话题说起，再逐渐过渡到我们真正想说的话题，则说服成功的概率就会大大提高。

当然，选好话题不仅要从对方得意的事情、感兴趣的事情说起，也可以从对方关心的事情说起。总而言之，我们的目的是要吸引对方的注意力，从而成功帮助我们更好地讲述自己想说的话。只要是能够让交谈和谐愉悦的，让对方满怀兴致地听你诉说的，就都是好话题、最佳话题。这一点，我们必须用心琢磨才能渐渐有更准确的把握。

选择共同话题，快速消除陌生感

生活中经常会发现这样的人，他们能够很快地与陌生人打成一片，见什么人都有话可说。由于他们在任何交际场合都能有说有笑，人缘极好，因此消息很灵通，在与人竞争时无形中就占了先机。他们之所以能成功，就是因为他们懂得如何开始一个话题，拉近彼此距离。下面我们就来看一个具体的例子，看一下他们是如何和陌生人攀谈的。

一位穿着非常讲究的漂亮女生在一家金店的柜台徘徊了好久，看到之后，店员晓月走了过去，说："美女，您有什么需要的吗？我可以帮您介绍一下。"

"哦，我就看看。"这位美女的回答明显缺乏热情。可她仍然在仔细观看柜台里的陈列品。此时晓月如果找不到和顾客共同的话题，就很难营造买卖的良好气氛，可能会失去一笔生意。

这时晓月看到了这位美女的裙子，这身裙子非常讲究，很时尚也很配她的气质，于是，晓月就说："美女，您的裙子真好看，非常搭配您的气质！很时尚！"

"是吗？"这位美女的视线从一排排首饰台上移开了。

"之前没注意到有这样的款式，感觉是新款，您是在哪里买的呢？是附近那家名品服装店吗？"显然这是晓月设计的话题。

"不是的，咱们这里没有这一款衣服，这是我男朋友从国外给我买的。"这位美女终于开口了，并颇为得意。

"哦，怪不得，我还真没见过这样的款式呢，挺有气质的。说实话您穿上这件衣服在这里一站，就感觉与众不同。"

"哦，是吗，谢谢。"美女有些不好意思了。

"其实，您应该也注意到了，您这件衣服需要搭配一点配饰，这样效果会更好的。"聪明的售货员晓月终于转向了主题。

"是呀，我也这么想，只是项链这种昂贵商品，我怕自己选得不合适……"

"如果您愿意，我可以帮您挑选一下，包您满意……"

于是，两个人开心地聊了起来，不一会，晓月就为这位美女选出了一条喜欢的项链。

善于寻找与陌生人之间的话题是作为一名社会人必备的交际能力。在与陌生人相处时善于打开彼此的话题，能够有效地拓宽自己的交际圈，为自己的人生以及事业的发展奠定坚实的基础。

李敏敏是一家服装店的导购员。第一天上班的时候，走进来一位体形偏胖的女士。李敏敏赶紧迎上去说："哎呀大姐，不好意思哈，我们这里没有孕妇装。"

"孕妇装？啥意思？你是说我是孕妇？"女士很不高兴地瞪了她一眼。李敏敏这才明白过来，赶紧解释说："哦，实在不好意思，我看你肚子鼓鼓的，我以为你怀孕了。"

顾客一听更生气了，大声说："小姑娘，你说的这是什么话，你故意的吧？这种头脑还卖衣服呢！"说完气呼呼地走了。李敏敏委屈地说："我不过说了几句实话而已，至于发这么大的火吗？"

作为一名导购，说话是非常核心的问题，案例中的李敏敏不仅不会说好开头语，连基本的如何交流的问题都掌握不好，这样怎能留住顾客呢？连顾客都留不住，怎么创造业绩呢？

一个合适的好话题，是初步交谈的引子，是深度交谈的基础，是纵情畅谈的桥梁。衡量一个好话题的标准是，至少有一方熟悉，可以交谈；大家感兴趣，想谈；有展开讨论的空间，好谈。那么，如何找到这样合适的好话题呢？有这么几个角度可以供大家考虑：

1.注意开场白

首先，开场白要让谈话对方接得下去，有些人说话是给自己听，别人的反应如何不在他们考虑之列，这样是无法进行有效沟通的。因此任何开场白都得要让对方接得下去。谈话前要考虑气氛好坏、关系深浅和自己的谈话目的，再来选择适当的谈话主题。

2.避免谈话禁忌

在与人交谈的时候，需要特别关注对方的特点，避开谈话双方的禁忌，避免进入“谈话雷区”。善于说话的人总是能找到“安全值”最大的话题，引起大家的谈论兴趣，除“雷区”之外会导致对方不悦的敏感话题也需要时刻注意避开。

3.谈对方喜欢的话题

“闻道有先后，术业有专攻”。多向对方请教他所擅长的话题，此举可谓一举多得。一是表示尊重对方，表现出你谦虚好学的品德；二是给对方一个展现自己、发挥特长的机会；三是以静制动，尽量把话语权交给对方，做一个忠实的倾听者，这样的沟通会赢得对方的好感。

4.说说业余爱好

喜欢唱歌，或是跳舞吗？喜欢运动吗？喜欢听什么音乐？这些问题不能不问，不然你怎么知道对方的兴趣爱好呢？而且对方也希望展示自己，初次见面找这样的话题，一举多得的事，何乐而不为呢。

初次见面，交际双方都希望尽快消除生疏感，缩短相互间的感情距离，建立融洽的关系，同时给对方一个良好的印象。这时候，选择一个合适的话题尤为重要。沟通的技巧之一就是要懂得对方的心理，放松心情，简明地开启话题，并从共同的话题中，给对方留下深刻的印象与好感，这样你想拥有好人缘便不再是难事。

从生活常识中寻找最佳话题

日常生活中，有很多话题等待我们去发掘和发现。对于健谈的人而言，好话题无处不在，即便是生活常识中，也有很多好话题等待“发扬光大”。细心的人会发现，除了专业人士在进行专业的演讲之前会进行充分的准备之外，生活中还有很多场合的讲话，其实是根本不会预先知道的，也是不会有时间提前准备的。在这种情况下，如何更好地与他人展开交谈呢？又有哪些话题是放之四海而皆准的呢？除了前文提到的话题之外，我们还可以从日常生活的常识着手。

正如我们前文所说的，每个人不管身份地位的高低贵贱，最终都要落实到实实在在的生活中。每个人都不是不食人间烟火的神仙，这也就注定了每个人都要脚踏实地地面对生活。由此一来，那些实用的生活常识总是能够引起人们的关注，来自生活常识的话题也就得到了大家的欢迎和喜爱。毋庸置疑，说话的人也将备受瞩目，拥有好人缘。

前段时间，罗伯特应邀参加了同事的家庭聚会，在这次聚会上，他居然见到了大名鼎鼎的小说家亨利。很多人都认出了亨利，因此等到宴会进行到一半时，大家都央求主人邀请亨利进行一次即兴演讲，要知道，并非每个人都能够亲耳听到大作家的演讲啊！主人有些为难，毕竟在宴会开始之前，他并没有告诉亨利将会要求他进行演讲。然而，大家盛情难却，最终主人只好硬着头皮去征询亨利的意见。出乎主人的意料，亨利很快就同意了。

在即兴演讲中，亨利想到哪里就说到哪里，从婚姻关系到关于孩子的教养问题，再到很多家庭生活中的小诀窍，听得每个人都瞪大眼睛，生怕错过了每一个字。当亨利一个小时的即兴演讲结束时，大家全都给予了他热烈的掌声。毫无疑问，亨利的演讲非常成功。作为亨利的忠实粉丝，罗伯特也私下找到机会与亨利聊了几句。他恭维亨利："您可真不愧是作家，出口成章，把每个人都牢牢吸引住了。您之前有准备吗？"亨利笑着摇摇头，罗伯特又问："那么您是如何找到这么好的话题的呢？”亨利笑了，说：“其实，我并没有刻意寻找。既然每个人都要过日子，我们为什么不说些生活常识呢？我想，每个人都难免受到夫妻关系和孩子教育问题的困扰，甚至也很愿意与我分享生活中的小诀窍。”

在这个事例中，亨利作为著名作家，应邀为参加宴会的来宾们进行即兴演讲，如果不是从生活常识中寻找到最佳话题，他也许很难获得巨大的成功。亨利说得很对，每个人在日常生活中其实都共同面临着一些问题，对于这些问题，每个人都付出了极大的努力想要探究真相，当然也愿意与权威人士共同探讨和分享。正是因为这样的心理，大家才会非常欢迎亨利的演讲，也给了亨利莫大的肯定和赞赏。

其实，好话题随处可见。对于任何一个人而言，丰富多彩的生活基础都是话题的起源地，当一个人的生活非常枯燥乏味时，他说出来的话也必然很难吸引人们的倾听。相反，当一个人以渊博的知识和丰富的见地侃侃而谈时，他的谈话一定非常精彩，引人入胜。就像很多大作家之所以能够写出好的作品，也正是因为他们非常深地扎根于生活，一切创作都起源于生活的缘故。朋友们，从现在开始，让我们也重视生活，珍视生活吧！当你从生活这所大学毕业，你一定会发现自己获得了突飞猛进的进步！

不可忽略的时尚话题

随着网络的普及，现代社会的信息传播速度越来越快，人们几乎足不出户，就可以知晓天下大事。同时，时尚更新换代的速度越来越快，苹果不停地推出新机型，各种有创意的时装也接二连三地推出。在这种情况下，要想融入人群之中，与他人更好地交流和沟通，不懂得时尚的元素显然是不行的。

常言道，说话如同穿衣。也许有些人天生就喜欢穿着传统的服饰，但是也依然要对时尚有所了解。我们可以做到不盲目地追随时尚，但是却不能对时尚充耳不闻。否则，当你被时尚的话题拒之门外，你也就成为人群中的格格不入者。当然，不可否认的是，时尚的话题往往不够深刻。然而，生活除了深刻之外，也要有很多让人感到轻松的话题出现，这样生活才能做到张弛有度，也才能做到有工作等“正经事”也有休闲娱乐等“开心事”。

作为一名育儿专家，玉巧的课堂上总是有很多妈妈。不过，有相当一部分妈妈都是刚刚接触玉巧的育儿课程，因而难免对玉巧感到陌生和疏远。为了打消妈妈们的隔阂感，使课堂气氛活跃起来，玉巧每次都会找一些合适的话题和妈妈们搭讪。

这次上课，面对着绝大多数学员都很陌生的情况，匆忙赶到的玉巧突然惊讶地指着一个妈妈的裙子说：“这条裙子真漂亮，是最新的复古款式吧！今年特别流行这种款式呢，我还想着有时间的时候也去买一条。”那个妈妈有些受宠若惊，羞涩地说：“谢谢您。”这时候，另一位妈妈也当即说：“的确，这条裙子的颜色和花色都很好看，特别符合复古的气质。对了，你这是在哪里买的呀？”那位妈妈分享了买裙子的地点，妈妈们马上你一言我一语地说了起来，都开始计划去团购了呢！看到妈妈们热烈地讨论着，现场的气氛也非常活跃，玉巧赶紧话锋一转，说：“好吧，妈妈们都很时尚，都特别关心今年的流行元素，不过接下来先让我们研究一下如何当个好妈妈，教育好家里的小屁孩，小屁孩省心，我们才能实现当美妈辣妈的梦想啊！”玉巧水到渠成引入了当天的正题，妈妈们在这个课程中都非常积极踊跃地发言。

在这个事例中，玉巧之所以能够迅速地与这些陌生的妈妈打成一片，就是因为她知道时尚的话题永远是女人们最关心的话题，也因此她才能够在最短的时间内调动起妈妈们的兴趣。当气氛活跃了，接下来的课堂气氛自然也就非常热烈。

每个女人都应该是时尚的宠儿，即便我们没有足够的钱追求名牌，但是至少也要知道一些时尚和名牌，这样在与人交谈时才不至于瞠目结舌，根本插不进去话。女人对于时尚的热情，就像男人对于车的热情一样长久不衰，从现在开始，女性朋友们，就让我们关注时尚，了解时尚，也让时尚成为我们口中一个炙热的话题吧！

多读书，才能出口成章

古人云：读万卷书，行万里路。在古代社会，不但行万里路很难，读万卷书同样困难，因为古代的典籍很少，知识的涵盖面也不够宽阔。但是现代社会，随着交通工具越来越发达，不但行万里路变得轻而易举，随着文化事业的极大发展和繁荣昌盛，读万卷书也不再困难，只要愿意花费时间，总是有书可读的。总而言之，在现代社会，读书已经变得非常容易，只要坚持不懈地读书，每天进步一点点，不但能够开阔眼界，而且能积累很多的谈话素材，从而使我们有话可说，甚至出口成章。

书籍，是人类精神的食粮。很多人从小就养成阅读的好习惯，几乎每天都要给自己留出阅读的时间，坚持阅读。除了书籍之外，很多报纸、杂志，只要多读读，总能够了解很多时事新闻，也能够帮助人们开阔眼界。要想积累更多的话题，帮助自己与人交往时拥有更多的谈话素材，最好的办法就是每天能够坚持读一个故事。小时候，我们每个人都很喜欢听故事，长大之后，故事依然能够深深地吸引我们，诸如很多电台、报纸和杂志等，都常常使用故事作为广播的开头，从而吸引人们的注意力。既然新闻媒体、网络传媒都热衷于使用这种方式，我们要想与他人更好地交流和沟通，为何不能以故事的形式开头呢。当紧紧地吸引住他人，我们一定会感到非常有成就感。

当然，读书并非是一朝一夕的事情，我们不可能把今天晚上读到的故事，明天就讲给他人听。只有当我们不断积累，让心中的故事达到一定的量，才能在需要的时候顺手拈来。

作为推销员，乔每次向客户推销汽车时，不但真诚地邀请客户前来试车，而且还会满脸笑容地讲故事给客户听。他的故事娓娓道来，情节生动，总是能够吸引客户的注意力，帮助他成功地把汽车推销出去。

有一次，乔正在陪伴客户试车，当客户为车辆的新颖功能沉醉时，坐在副驾驶座位上的乔缓缓说道："当我还不是一位汽车销售员时，我最大的梦想就是拥有一辆属于自己的车。在每个仲夏炎热的夜晚，我都幻想着自己能够开着属于自己的车子去兜风，去海边，去沙滩上，这是多么惬意和令人神往的生活啊。我的车子里一定要充满皮革的味道，而且还要有曲调优美的音乐，当我打开敞篷的顶，在海边欣赏繁星点点的夜空时，这一切都使人感到无比地幸福。我还想带着我最爱的人去兜风，我们用车载冰箱装满食物，去到野外尽情享用。是车子，把我和我的爱人、亲人的生命更紧密地联系在一起，也使我们的人生充满美好的回忆。为了完成自己的梦想，我非常努力地工作，在成为汽车销售员后没过多久，我就按揭买了一辆属于自己的车。从此，我的人生就像张开了翅膀，我的人生天地也更加广阔，总而言之，我觉得生活变得非常美好。”

当听完乔的话之后，客户几乎已经下定决心要购买这辆车了。因为乔以讲故事的方式把自己的心路历程娓娓道来，最终使得客户也像他以前一样，无限憧憬有车的生活。就这样，乔的推销成功了。事后，当有人问乔是如何把话说得这么美妙动听时，乔说：“其实很简单，每天不管多么忙碌和劳累，都抽出一定的时间来读书，渐渐地你的心灵和语言都会变得同样充实和生动。”

为了向客户推销汽车，乔不但努力读书，而且还把书中很多的优美语言都融入自己的生活经历中，从而成功地把客户带入一个特定的情景，赢得了客户的信任，也勾起了客户对于有车生活的无限憧憬和梦想。通过乔的话，客户的眼前似乎缓缓展开了一副画卷，他似乎看到了未来的美好，因此对有车的生活更加向往。其实，作为一名推销人员，能否成功地引起客户的共鸣，就在于自身阅历是否丰富。当然，任何人的经验都是有限的，为了补充我们有限的人生经验，我们完全可以通过读书的方式，了解更多人的人生阅历，将其内化成为我们自身的情感和体验，由此一来，我们年纪也许不大，但是对于他人的理解和体谅都将会更加成熟。

朋友们，读书并非一朝一夕的事情，也不可能取得一蹴而就的成功。一个具有书香气质的人，一定要能够坚持每天读书，而且真正把书籍作为自己心灵的良师益友。当你独自一人的时候，如果你从不觉得孤独和寂寞，而是在书籍的陪伴下怡然自得，那么你就真正领悟了读书的妙处。也许一天、两天、三天……读书都没有使你产生明显的改变，但是一年、两年、三年……你一定会浸润在书香气息中，从此变得与众不同。

第 05 章

善于赞美，赞美是走近人心最巧妙的方法

根据马斯洛需求层次理论，每个人都渴望获得来自他人的尊重和肯定，当一个人的尊重需要得到满足，就可以充满信心，满怀热情。人际交往中，我们要善于赞美，满足对方心理需求，赢得对方好感。

赞美对方，满足其自尊心

任何一个人都希望被他人关注和赞美，都希望自己的劳动得到社会的承认，都希望自己的行为得到别人的理解和尊重。当你用真诚的语言赞美对方的时候，他会认为你是一个值得信任并了解他的人，自然就拉近了你们之间的距离，他所回报你的便是同样的肯定与信任，焕发出你与他之间相互的热情、友谊和温暖。这样，无形中你就赢得了一个朋友。事业上最没有风险的就是情感投资，因为“投桃”必然会“报李”。所以，我们可以说，赞美是人际交往中最能打动人心的语言，接下来我们要说的一个故事可以说明这一点：

在一个南方小镇上，有一个叫晓梅的女孩，她嫁给了一个父母双亡的人。出嫁之后，晓梅跟丈夫以及丈夫唯一的妹妹住在一起。但是，婚后只过了极短的时间，晓梅就发现她根本无法与小姑子和睦地相处。她们俩在什么方面都没有共同话题，而且晓梅最不能忍受的就是小姑子的坏习惯。

就这样，日子一天一天地过去，可是晓梅和小姑子之间并没有因为相处时间拉长而增进情感，她们没有一天能停止吵闹和争斗。慢慢地，愤怒和不快压在彼此的心中，晓梅可怜的丈夫夹在当中，也左右为难，痛苦不堪。晓梅实在忍受不了小姑子了，她决定自救，给小姑子一点颜色看看。

晓梅父亲有位朋友，是个很出名的老中医，姓黄，晓梅见到他以后，把自己在家中的遭遇向黄先生说明，希望黄先生可以帮忙，并问他是否可以给她一些毒药，这样她就能一了百了，把所有的问题都解决掉。黄先生想了一会儿最后说："我可以帮你解决问题，但你必须听我的话，按照我讲的去做，不然只能失败。"黄先生进了里屋，几分钟过后他从里面出来，拿着一包草药。他告诉晓梅："你不能用见效快的毒药除掉你的小姑子，因为那样会让别人对你产生怀疑，因为你素来和你小姑子之间的感情不好，这些邻居们都知道。因此，我给你的几种中药是慢性的，毒性将会在你小姑子的体内慢慢蔓延。你可以每天做一些好吃的，然后再放少量的毒药在她的菜里面。还有，为了让别人在她死的时候不至于怀疑你，你必须对她言听计从，最重要的是要每天赞扬她，让她感觉到你的友好。"晓梅想，只要能除掉小姑子，什么都愿意，她就高兴地答应下来了。她谢过黄先生，急忙赶回家，开始实施她谋杀小姑子的计划。

日子还是一天天的过，几个月已经慢慢地过去了，每一天，晓梅除了精心烹制有毒药的饭菜给小姑子吃，她还控制自己的脾气，每天说赞美的话给小姑子听。

晓梅将自己的情绪控制得很好，不会像以前那样被小姑子的言行气得发疯。半年里她没有跟小姑子发生过一次争执，小姑子在她的眼中，也比以前和善得多，容易相处得多了。而小姑子对晓梅的态度也改变了，她不住地向邻里街坊和亲戚朋友夸晓梅，说她以前看错自己的嫂子了。整个家的气氛变得友善多了。看到这一切，晓梅的丈夫由衷地高兴。晓梅也反省当初自己做错了。幸好，晓梅问明一切后，她方明白原来那不是毒药。小姑子在晓梅家住了几年，后来嫁给了一个富商，出嫁后的小姑子给了晓梅一大笔钱，晓梅和丈夫风风火火地干起了自己的事业。

这则故事中，晓梅刚开始对小姑子的赞美虽说不是真诚的，但也起到了作用，慢慢地她的赞美开始改变了她和小姑子之间的关系，而当她真心地赞美小姑子以后，这成为她们之间新关系的开始，这才有了后来小姑子资助她创业的事。

其实，在我们的生活中，每个人都希望自己被赞美和肯定，而对自身价值肯定的这一信息，必须从他人的眼里才能读得到，他人的肯定与赞美在某一种意义上就是恭维，恰当的恭维是每个人都需要的：在工作中，如果你得到同事的恭维，你会更加努力地工作；当你心情不快、感到生活无意义时候，如果你受到恭维，会感到生活的美好；回到家，如果你能感受到家人的恭维，你也能尽享阖家欢乐的惬意……

所以，在处理人情关系的时候，我们要学会赞美别人，真诚地赞美，是你送给别人的玫瑰花，在给予别人的同时，留在手上一缕清香，使你活得更潇洒、自在而充实，而最重要的是，你争取到了别人的友谊，赢得了好的人际关系，这是一种绝对零风险的情感投资，你的成功之路会因为有这些人情而走得更加顺利！

赞美的话，需要投其所好

著名的口才大师卡耐基说：“即使你喜欢吃香蕉、三明治，但是你不能用这些去钓鱼，因为鱼不喜欢它们，你想钓到鱼就必须下鱼饵才行。”这句话的含义是，在人际交往中，我们要学会变通，要想和对方和平相处，并得到对方的认同，就要彻底地了解对方“所好”，了解对方喜欢听什么，只有这样，才能知己知彼，投其所好。

有位先生和朋友去拜访一位教授，希望这个教授能为自己的学业指点迷津，那个教授为人严肃，平时不苟言笑。坐了半天，除了开头说了几句应酬话，剩下的只是让人尴尬的沉默。

忽然，那位先生看到教授家养的热带鱼，其中几条色彩斑斓，游起来让人眼花缭乱。那位先生知道这鱼叫“地图”，自己也养了几条，还很得意地为朋友介绍过。教授见那位先生神情专注，就笑着问：“还可以吧?才买的，见过吗?”就听那位先生说：“还真没见过。叫什么名字?明儿我也打算养几条呢!”当时他的朋友不解地看看他，心想装什么糊涂，不是上星期才邀我到家看过吗?

可教授一听，来了兴致，神采飞扬，大谈了一通养鱼经，那位先生听得频频点头。那位教授像是遇到了知音，说说笑笑，如数家珍地给他讲每条鱼的来历、名称、特征，又拉着他到书房看他收集的各类名贵热带鱼的照片，气氛顿时活跃起来。他们一直聊到吃过晚饭才走，教授也答应下次让这位先生带上不懂的书籍登门拜访，朋友这才突然领悟到那位先生说谎话的用意。

一句谎话使教授前后判若两人，本来几乎陷入僵局的交谈又顺利地进行下去了，这都归功于一句谎话。若据实相告，那很可能就会继续“尴尬”下去的。

那么，具体来说，我们该如何说话，才能制造出一个有利于我们开口的时机呢?

1.察言观色，想说赞美之言也别口无遮拦

清朝时，一位新上任的县令，初次去拜见领导，想不出该说什么话。

沉默了一会，忽然问道："大人尊姓？"这位领导很吃惊，勉强说了姓某。县令低头想了很久，说："大人的姓，百家姓中没有。"领导更加惊异，说："我是旗人，贵县不知道吗？"县令又站起来，说："大人在哪一旗？"领导说："正红旗。"县令说："正黄旗最好，大人怎么不在正黄旗呢？"领导勃然大怒，问："贵县是哪一省的人？"县令说："广西。"领导说："广东最好，你为什么不在广东？"县令吃了一惊，这才发现领导满脸怒气，赶快走了出去。不久，这位县令便被借故免职了。

我们从这里不难发现，这位县令原本想赞美领导，但却因为不会察言观色，口无遮拦，引得领导发脾气，自己也被免职了。案例中，县令第一次询问"大人尊姓"的时候，领导就面露吃惊的神色，意思是"作为下属，怎么能直接问这样的问题呢"？紧接着，因县令不懂得"观色"继续发问，领导的神情由"惊讶"变得"愤怒"，自然而然，县令也为自己的鲁莽付出了代价。

2.多提及对方喜欢的事

那些深谙赞美之道的人往往都有一个经验，那就是多提及对方关心、喜欢或者自豪的事情，因为渴望被人重视是每一个人的心理。为此，我们有必要多花心思研究对方，对他的喜好、品位有所了解，这样赞美才能顺水推舟。

3.交流以对方为中心

在交流的过程中，要明白主角永远是对方，而你必须自始至终完全扮演配角才可以。如果本末倒置，在商谈过程中以自己为中心，只是洋洋自得地反复谈论自己的事情、自己的爱好、自己的看法，而不从对方的角度来考虑，这样难免会引起对方不快。所以，我们应尽可能寻找彼此间共同关心的问题。

无论出于什么目的的沟通，对方的心情在事情成败过程中都起到重要作用。如果你不顾对方心情与感受，打一个招呼就开始讲自己的来意，迫不及待地反复强调自己的想法是如何如何，以及帮助自己有什么好处，这样往往事与愿违，因此你最好不要一开始就切入正题，而是先勘察现场气氛，进行一番巧妙的赞扬，以此拉近彼此心理距离。

赞美对方得意的事情

我们都知道赞美在人际关系中的功用，但赞美不是说几句简单的话就能奏效的，好的赞美一定要让对方感到被赞美得很贴心。赞美为什么能够打动人心？那是因为赞美贵在贴心，好的赞美，总是让人如沐春风。在赞美他人时，我们一定要指出对方哪一点值得赞美或者说其做过的什么事情值得你敬佩，这样一说出来，就会让你的赞美言之有据，很有说服力。我们先来看下面的故事：

有一次，一位姓刘的先生到某位姓陈的局长家里拜访。在拜访之前，这位刘先生已经对局长做足了“研究”工作，他知道，这位局长最擅长的就是书法，于是在几句话寒暄之后，话题很快就落到了书法上。只听到刘先生很谦虚地说：“陈局长，我一直羡慕那些字写得好的人，所以，工作之余我还努力练字，但也不知道为什么，书法水平却没有什么提高，恐怕主要是不得要领，我看您客厅这幅字就是您的真迹吧，真是不错，能请您稍微泄露一点秘诀吗？”

听到这样的话，陈局长马上来了兴致，他开始滔滔不绝地讲起了自己的书法“经”：“我最大的体会就是，练字要做‘无剑胜有剑’，就跟令狐冲练剑一样，平时心中多揣摩，多看多记，关键在于心得，不一定非要整天坐在那里练字不可……”刘先生一边听，一边点头，听完以后很高兴地说：“现在我可得到您的真传了，以后我一定要用心去练字，相信肯定会大有长进。”听了这样的话，陈局长更开心了，临别时还送了刘先生几幅字让他临摹。

案例中刘先生的赞美技术可以说达到了炉火纯青的程度，他的赞美是独树一帜的：相信挂在陈局长家里的那几幅书法作品已经被很多人赞扬过了，甚至可以说，陈局长已经听惯了他人对自己的书法艺术的赞美，但真正能和这位刘先生一样欣赏自己作品的可能还是头一回。陈局长肯定认为，从来没有一位像刘先生一样向自己请教，好像真的对书法感兴趣，而并不是假意奉承自己。在这里，刘先生对陈局长的赞美，先列举了陈局长“书法造诣较高”的事实，至此才有后面的“请教”，就这样，刘先生将几句赞美的话不着痕迹地送到了陈局长的耳朵里。

其实，每个人都有自己最得意的事，在这一方面，他们也希望自己被认可，美国马斯洛需求层次理论认为：自尊和自我实现是一个人较高层次的需求，它一般表现为“荣誉感”和“成就感”。而荣誉和成就的取得，还需得到社会的认可。赞扬的作用，就是把他人需要的“荣誉感”和“成就感”拱手相送到对方手里。当对方的行为得到你真心实意的赞许时，他看到的是别人对自己努力的认同和肯定，从而使自己在荣誉感和成就感接踵而来时得到满足，并在心理上得到强化和鼓舞。

当然，即便是赞美对方，也要有事实依据，也必须是真诚的、态度自然的，如果你仅仅是几句话就想俘获对方的心，那是不可能的，你必须学会站在对方的角度，说出对方真正想听的话，这样的赞美足以让对方心服口服。自然，他对你也会另眼相看。否则，就有可能让对方不明就里，甚至让对方产生反感的情绪。

生活中这样的例子非常多。

张老师经常去学生家做家访，一次他去小宝家里家访，见了小宝的父母之后，才得知小宝的爸爸是市委书记，妈妈是纪检委的主任。于是他就想赞美小宝一番来巴结家长。他说："小宝，你爸爸真了不起啊，这么年轻就当上了市委书记，你妈妈也很伟大，当着纪检委的主任，还要照顾你的学习，真是太辛苦了。"小宝听了非常的不高兴，他说："他们了不起关我什么事呢？又和你有什么关系呢？"张老师顿时僵在那里，急忙找了个借口离开了。

很显然，张老师的赞美是无厘头的，对于孩子的赞美，却始终围绕着他的父母在说，难怪小宝要生气了。可见，在赞美他人时，一定要恰当、合适。

当然，一些人可能会说，如果你实在列举不出关于对方"荣誉感"和"成就感"的事呢？这种情况下，你可以朝着他的兴趣爱好着手，因为一般的规律是爱什么懂什么。对方若是爱好书法，必定有丰富的书法知识；一个人爱好钓鱼，那他钓鱼的经验也会很丰富。如果你想不出赞美对方别的什么，就不妨从"请教"下手，因为你没有必要恭维其爱好怎么样怎么样，这样的话对方听得太多。在这样的情况下，你只需要针对其擅长的方面，虚心讨教一番，毕恭毕敬，那对方定会乐意向你传授其中的奥秘。

意外的赞美，往往更显真实

人都喜欢听赞美的话，从别人的肯定和认可中得到内心之中的“自我肯定”。但是，并不是任何时候的赞美话都能使被赞美者心花怒放，也不是所有的赞美话都会被接受。事实上，赞美就像我们送出的礼物一样，想必我们每个人都喜欢那些别致、精心准备的意外之礼，当我们收到这样的礼物时，常常会被感动得不知所措，同样，赞美何尝不是如此呢？谁都不想听多余的、千篇一律的赞美之言，也就是说，出乎意料的赞美就好比意外的礼物。

心理学家认为：在每个人的心里，都渴望别人更多的欣赏自己。如果你只是说一些千篇一律的话，则会让对方觉得你根本不了解他，在心理上就会产生落差，继而拉远心理距离。可见，在与人沟通的过程中，我们给对方的赞美最好是出乎其意料的、特别的，只有这样，才能让对方真正产生愉悦的心理。

心理学家认为，每一个人的内心深处都认为自己是与众不同的，都喜欢追求独特、个性。同样，他们也希望他人能看到自己的与众不同，此时，就需要我们能给出一个与众不同的赞美，这一赞美最好还是意料之外的。这样，别人就会觉得你是真的欣赏他，真的了解他，才会把你当成是他的知己。

当然，我们要想给他人出乎意料的赞美，需要从以下几个方面努力：

1.赞美要透过现象看本质

通常，当一个人取得成绩的时候才会被人关注，因而得到的都是对他的能力的赞扬。殊不知，对方更加在乎自己付出的努力。如果在赞美的时候，透过现象看本质，不要去人云亦云的赞美表面的成就，而是去赞美对方所付出的艰苦的努力，往往在心理上和对方靠得更近。

比如，有一个男孩特别喜欢踢足球，他渴望着能够成为足球明星。终于，在他25岁的时候终于实现了自己的梦想。于是他的老师和同学们前来为他祝贺。有一个老师说："你真了不起，这么年轻就成为了鼎鼎有名的足球明星。"男孩笑着说："这没什么。"这时候有一位同学说道："你的吃苦精神真的很令人折服，不管刮风下雨，你始终在球场上奔波。"这时候，男孩走过去给了这位同学一个深情的拥抱。赞美别人能抓住细节，往往让你迅速的站到了对方内心中近距离的位置上。

2.意外的赞美亦不可突兀，要贴切自然

要恰如其分地赞美别人是件很不容易的事。如果称赞得不得法，反而会遭到排斥。

3. 表情和动作上的赞赏更能产生情感上的冲击力

人对外界的反应有一个基本的是非判断，从而迅速地恒定内心的安全感。对于友善的表情和动作，同样会做出友善的迎合，继而换来更大的友善，对于不友善的情绪，则同样给予敌意，以确保自己安全系数的最大值。

总之，我们若想让赞美他人的话深入对方心里，起到使其心花怒放的效果，就要送给对方一个意外的礼物——出乎意料的赞美，这会为我们赢得好感、增进彼此关系。

抬高对方，请教式赞美

什么是请教式赞美呢？顾名思义，就是赞美对方的某些方面，而话语中带着请教的意味，似乎因为对方的优秀程度已经将其摆在了“老师”的位置上。在生活中，我们经常听到这样的赞美“你的手工做得太好了，怎么做出来的，能教教我吗？”如此别具一格的赞美就是请教式赞美。而大多数人听到请教式的赞美，虽然表面上不做声，但其内心早已兴奋异常了。

张晓敏是一名大学毕业没多久的女生，在一家公司从事总经理秘书一职。其实秘书这个职位在公司不算很高，但是和总经理走得最近，所以平常公司里的下属部门同事都对她特别好。因为每次经理出门都要用车，而自己又是经理秘书，所以自然这事就是自己管辖的范围了。陈玉是后勤部的老员工，她这个人比较直，说的话会让人听着有些尖酸，平时她也不太喜欢跟周围的人打交道。虽说只是负责派车，并没有多大的本事，可每当各部门人员要车外出时，就必须向她赔笑脸，说尽好话。张晓敏看不惯这样的人，心想这本来就是她的工作，为什么摆出一副趾高气扬的样子？

不满归不满，但是细心的张晓敏发现，那些平时对陈玉说三道四的人在陈玉面前却是另一副面孔，他们都以请教的姿态对待陈玉。张晓敏终于明白了职场的规则。从此，她改变了对陈玉的看法，放下自己的傲慢，试着去接触陈玉，把她当做一个学习的榜样来对待。

于是，张晓敏开始改变策略：在向陈玉订车后，并不忙于放下电话，而是和她在电话里闲聊几句；工作做完的时候，到办公室找陈玉聊天，诉说生活中的难题等等。渐渐地张晓敏跟陈玉越来越熟，她们成了无话不说的好朋友，订车对于张晓敏来说自然不再是难事。张晓敏毕业没多久，涉世未深，在很多事情上都需要前辈的指点和经验的累积才能做得更好。其实，陈玉就是一个很好的前辈。陈玉来公司的时间比较长，公司的领导也对她挺尊重的。对待问题，陈玉的看法比较透彻，每当张晓敏有什么不懂的地方时，她都主动去请教陈玉，这些看法对张晓敏来说都有极大的启发，为初来公司的张晓敏提供了不少可供学习的建议。同时，陈玉也因张晓敏对自己的尊重、赞美和佩服感到非常高兴。

请教式赞美一是显示了自己对于对方的爱好感兴趣，从而可以让双方产生共鸣，并打开他的话匣子；二是在请教过程中，让对方显示了自己的优越感和成就感。因此，这种赞美方式可以运用在很多场合中。如果你能很好地利用这个赞美他人的技巧，那你不仅可以丰富自己，还会收获更多的好人缘。

但是，大家需要注意，不是所有的请教都会起到积极的作用，如果你在不合时宜的时刻做了些不合时宜的请教，那只会造成苦恼。

1.请教的内容要合对方的胃口

每个人都有自己的专长或者感兴趣的一面，如果你请教某人他熟悉的知识，那不仅提高了他，也丰富了自己。但是，如果你不分对象不分场合地问一些对方不太熟悉，甚至压根都不知道的东西，某种程度上会让对方处于无知的处境，那你会让场面变得很尴尬。

2.时间一定要把握好

一位管理学大师说过：“在一定时间内赞扬他人的次数越多，赞扬的作用就越小，对同一个人尤其如此。”因此，请教他人的时候，切记要把握好时机，要学会看对方脸色。不要在对方心情不好或者工作烦躁时请教，这等于火上浇油。

3.放下自己的姿态和面子

想要通过请教的方式赞美别人，那你就不要端着架子，或者是用些傲慢性的语气说话，这样的请教，只会造成矛盾和愤怒。一个能够以低姿态向他人学习的人，更懂得处事的智慧，也会获得更多人的喜爱。

请教是一种赞美，我们可以请教对方的专长，可以请教对方的说话技巧，可以请教对方的处事态度，真诚地请教能迅速拉近彼此的距离，在某种程度上，请教意味着最高的荣誉。一个能放下傲慢姿态多去请教他人的人，会成为一个更丰富的人，一个更有智慧的人。

懂得感恩，及时向对方表达谢意

“太感谢您了，李经理，如果没有您的指点，我还真没把握能完成这个任务。”

“小林，谢谢你在我低沉的时候给我鼓励与支持，如果没有你，我不可能走到今天。”

“刘老板，谢谢您，这几天对我的这些帮助，让我明白了很多道理。”

“张姐，谢谢你那天为我解围，不然在客户面前我都把公司的脸丢尽了。”

在生活中，我们经常听到诸如“谢谢您”“多谢关照”之类的话。这样的话可以向别人表示感谢，能沟通人与人的心灵，建立融洽的人际关系。这些感谢词本来没有什么，但是一经说出却产生了显著的效果，它缩短了与他人之间的距离，从而使交往变得更顺畅。朋友们，在与人交谈的过程中，请记得多说一句“谢谢”，因为这一句感激之情里面也暗含着一种赞美。

王海洋在五年前还是基层车间的一名钳工。后来厂宣传科的科长李涵见王海洋文笔不错，顶着压力将王海洋调进宣传科当了宣传干事。两年后，王海洋被抽到厂办当了秘书，而且颇受厂长赏识。但是，王海洋对李涵的知遇之恩一直牢记在心。

李涵和王海洋在工作中常常碰面，王海洋总是面带微笑热情主动地和李涵打招呼。王海洋常常在背地里对别人说起李涵对自己的恩惠，自己又是如何地感激李涵。

有时由于工作原因需要和李涵同在一桌招待客人，王海洋除了向李涵敬酒外，还公开说自己是李涵一手培养起来的，自己十分感激李涵。王海洋在节假日还经常与李涵进行感情交流，或向李涵讨教写作经验，或到李涵家和他下棋打牌。李涵也逢人便夸王海洋有良心，是好样儿的，两人的感情与日俱增。

常说“谢谢”，会使人变得有礼貌、有教养，对自己身心的健康发展，也是有好处的。科学研究表明，生活态度积极向上，处处心怀感激的人，除了拥有更高的幸福感、更加健康的身体外，与人相处也更加融洽。感恩的心态使他们有着积极乐观的生活态度，面对压力与困难时也能平稳度过。

别人帮了你的忙，好好地表示谢意，是最基本的礼貌，倘若不懂得这一点，势必无法尊崇对方。试想一下，人家辛辛苦苦地费劲帮了你的忙，连你的一句谢谢都换不来，假若是你，心里会作何感想？

1.感激之情，请及时表达

感谢的话要首先说出来。当接受朋友恩惠或帮忙时，千万不要存有“感激之言留着以后再说”的心理，唯有懂得适时表达感谢之意的人，才能于所到之处皆受人喜爱，受人欢迎。

2.要点出具体内容

你握着对方的手，脸涨得通红，一个劲地甩人家的手，口里连声说：“谢谢谢谢，谢谢啊！”也许你在电视上常常见到这样的场面，别把自己也弄成这样，你不是一个被施舍对象，你是一个有独立人格的人，你只需握着对方的手，微笑着说：“谢谢你，今天为我的事跑两趟了。”

3.知恩图报，让善意传承循环

得到了别人的帮助。一定要记得回报。回报的方式可以是多种多样的，既可以在别人需要帮助的时候尽力帮助他，也可以将善意回报给社会，帮助其他需要帮助的人，将善意传承下去。

答谢是对别人的好意或某种高尚行为的一种回报，也是对他人的一种赞美。当别人为你做了一件哪怕是微不足道的小事，通常你必须要说声“谢谢”。尤其在办公室里，假如你的领导或同事帮助了你，你一定要懂得感恩，及时向对方表达谢意。

第06章

学会拒绝，不为难自己也不得罪别人

接受是人的本能，而拒绝是在人本能基础上的认知与压制。生活中我们不可避免地需要面对一些超出原则的事情，若不好意思拒绝，只会给自己带来无穷尽的麻烦。学会拒绝，不为难自己也不得罪别人。

学会说“不”，是一种智慧

在日常的社会交际中，我们与形形色色的人打着交道，彼此间你来我往，经常遇到他人提出的种种请求。这些请求有合理的，在你能力范围以内的，你感兴趣愿意为他效劳的，也有不合理的，超出你能力范围的，你毫无兴致并不愿为之花费精力的。面对后者，人们往往万分踟蹰，逼迫自己应允下来，自己心里别扭不说，万一不能兑现，自责的同时还可能要承受对方的误解；直接拒绝对方，又怕有损自己“乐于助人”的形象，彼此间关系会就此疏远，甚至有“反目成仇”的危险。

很多时候，我们都在“是”与“不”之间徘徊，犹豫着不知该选择哪边。其实，巧妙地拒绝他人，说易不易，说难也不难。只要我们懂得在适当的时候以适当的方式说“不”，拒绝便成了一种艺术，它让我们身心自在，也让对方心平气和。“三脚架”公司的创始人波·皮巴迪之所以能一步步地走向成功，和他敢于说“不”的勇气以及善于说“不”的智慧是分不开的。

当皮巴迪还是个小伙子时，他和很多年轻人一样，血气方刚，率直坦荡。这一年，他打算申请威廉姆斯学院。也就是因为这次申请，让他第一次尝到了说“不”的甜头。

威廉姆斯学院享誉全球，而它筛选新生时的严苛，更是举世闻名。平均每一千名向辅导员提出申请的学生中，只有5人符合申请要求。而这5人中，最后只有1名能够获此“殊荣”。对于皮巴迪来说，他进入这个学院的几率基本为0，因为在那一千名申请者中，他不仅不是最优秀的，还沦入最差的行列。

收到落选通知后，皮巴迪并未放弃。他设法搞来了招生委员会副主任的电话，以及他的名字：科尼利厄斯·雷福特。

“你好，我叫波·皮巴迪。”电话接通后，皮巴迪先向雷福特介绍了自己，随后便说，“对于你们的决定，我不能接受。”

电话那头久久没有传来声音，过了好一会儿，雷福特才问道：“抱歉，你能重复一遍刚才的话吗？”

“我想进入威廉姆斯学院学习。就我冒昧的行为，我向你郑重道歉；就你们给出的决定，我表示拒绝。我一定能上威廉姆斯学院。不管是明年、后年，不论到哪一年，从现在开始，我会每年向贵校提交一份申请，直到贵校接受我。”

电话那头又是一阵沉默，当雷福特的声音再度响起时，皮巴迪已经获得了胜利：“年轻人，我对于你的做法很感兴趣。这样的电话，我从来没接到过。不如让我们看看后面该怎么做吧！”没过多久，皮巴迪便接到了威廉姆斯学院的录取书。

皮巴迪能够进入梦寐以求的学院，就在于他敢于说“不”，善于说“不”，他及时而恰当的拒绝，使得在其他方面不够优秀的自己成功引起了招生主任的注意，从而获得机遇，脱颖而出。如果皮巴迪没有这次拒绝，沉默地接受学校的决定，那么以他的成绩，恐怕会长期湮没其他考生中，年复一年地徒劳无功。

美国著名作家比林说过一句话：“一生中，多半的麻烦是由于太快说‘是’，太慢说‘不’造成的。”根据这句话，他提出了比林定律，以此来警示人们，必须要学会说“不”。看清情况后理智地拒绝他人，是一种处世态度，是一份对自己、对他人都明确交代的责任心。不是所有的接受都代表善意，同样，不是所有的拒绝都会让对方受伤，让彼此的情谊受挫。我们在表达自己的真实意愿时，只要方法巧妙，言语得当，基本上就能够让对方平心静气地接受我们的决定。

那么，我们在拒绝他人时，可以通过哪些方法，既能让他人明白我们的意图，又不至于不满呢?

1.客套寒暄，拉开距离

面对相交不深而向你提出请求的人，若想拒绝，就应该迅速拉开彼此间的距离，让两人的关系回到初识甚至未识的时刻。这种时候，你只需几句态度严肃而不失圆滑的客套话，便可让对方明白你已将两人的关系重新定义。此时你并没有在言语上清楚明白地拒绝，但对方可以从你的态度中了解你的意思。

2.贬低自己，抬高对方

有意贬低自己，可以降低对方心中对你的期望值，打消他对你抱有的幻想。而适当吹捧对方，将其抬高为两人之中的强者，可以借此形成一种心理定势。通常来说，强者是不需要向弱者求助的。但对方在你的吹捧下承认自己比你强，那么他也难以再请求你的帮助。因此，便无须你开口拒绝，对方多半会主动打消求助你的念头。

3.说明情况，给足面子

我们身边的大部分朋友，都是通情达理、懂得体谅的，否则我们也不会与之成为朋友。当你拒绝这种朋友的请求时，不妨态度诚恳、语气温和地说明你的难处，明明白白地告诉对方你无法帮助他的缘由。如此，朋友通常会表示理解，不再强求。而在你明确表示拒绝的过程中，你应当始终保持微笑，让朋友感受到你的诚意和歉意，感受到你对他的看重。如此拒绝，能在很大程度上维护朋友的面子。

学会说“不”，是我们人生中必须迈出的一步。这是一门技巧，也是一种智慧。喜剧大师卓别林曾经说过：“学会说‘不’吧！那你的生活将会美好得多。”在人际交往中，谁也没有必要强迫自己做来者不拒的老好人。我们若没有自己的原则和底线，无止境地接受他人各种合理或不合理的要求，并不能给我们带来真正的朋友、稳固的人脉，只会给我们带来滚雪球般越来越大的麻烦。

有些问题可以拒绝回答

一般来说，好的拒绝应表现为拒绝对方的问题，但不要拒绝对方的人。这就是说，应该明确无误地拒绝对方提出的问题，使对方明白自己所提出的问题被拒绝了，但是要委婉妥当地善待对方的情感。比如，在拒绝了别人提出的问题之后，你可以再表述自己的同情、理解或歉意。有的谈判者在拒绝回答对方提问的时候，由于担心伤害到对方的感情，结果讲话吞吞吐吐、躲躲闪闪，让人不明白自己的问题到底是被拒绝了，还是没有被拒绝。这种很模糊的答案一般不可取，有时候还可能给自己惹麻烦。

当然，拒绝回答别人问题的方法很多，下面我们简单地介绍一下：

1.顺势诱导

有时候，面对一些你不想回答的问题，你可以顺势诱导，巧妙地拒绝对方。

2.肯定、否定并用

有时候对方所提出的问题有一定的合理性，但由于某些原因又无法予以回答。此时你可以用肯否并用的方法，先肯定对方问题的合理性，然后再进行拒绝其提出的问题。这种方法的语言表达形式经常是转折关系的复句或句群。

3.重复已知

有时候，面对别人提出的问题，你不想回答，就可以采用重复已知信息的方法进行拒绝。

当有人问你："昨天你到市长家里干什么？"你可以顺势回答："我去有点事。"

4.沉默而微笑拒绝

有时候，在面对一些不必问答的问题时，你可以适时地沉默拒绝，但是千万不要板着一张脸，而是微笑地看着对方。用你的无声语言告诉对方，这个问题不想回答，也没有必要回答。

哪些问题是不需要回答的呢？大致来说就是那些关系企业内部机密的问题；那些无关紧要的小问题；还有就是谈判者自身的私人问题。在面对他人提出的那些不需要回答的问题，你可以用巧妙地方法进行拒绝。

刚柔并济，迫使对方答应

求人办事，需要忌讳理直气壮，因为强硬的话非但会令人拒绝自己的请求，甚至会使对方心生厌烦之感。比起硬话，柔中带刚的话会更具效果，从某种意义上说，柔中带刚就是说话时的语气和态度都比较缓和，不过话语中却有比较强硬的部分，这会令对方不好拒绝，唯有答应我们的请求。

当然求人办事，按常理来说，应该以低姿态说话，更容易成功。换句话说，当你需要以柔中带刚的话语来提出要求的时候，心中应该有一定的把握，也就是你算准对方会答应自己的请求。

有可能是你看准了对方的弱点，有可能是你抓住了对方的把柄，有可能是柔中带刚的说话方式比较适合对方，但无论是哪种原因，都需要尽可能地顺应对方的心理，这样他才有可能在心理压力之下，不得不答应我们的诉求。因此，求人办事，柔中带刚的话语并不是随便就能说的，当你没有必胜的把握的时候，还是慎重，否则只会适得其反。

1.找准对方“心理弱点”

当我们在求人办事之前，需要找准对方的“心理弱点”，这样我们才有“资本”说出柔中带刚的话语，比如“李警官，你也知道，今天的事情是我无意中看见的，有可能会无意中说出去，不过我相信你会妥善处理好这件事情的”。

2.不容拒绝的语气

在求人办事的过程中，可以利用对方的把柄或者短处进行适当的“善意”威胁，即向对方施加一定的压力，同时在话语中要流露出不容拒绝的语气，比如“如果这件事不能如期完成，所造成的后果谁来担当，我想你应该认真思考这件事情”。

在日常生活中，有的人对于他人的请求，总是予以拒绝。假如这时候我们又特别需要帮忙，为了迫使其答应请求，不妨使用柔中带刚的话语，有效影响对方心理，这样会使对方难以拒绝我们的请求。

巧妙自嘲，表达自己的意愿

有一次美国总统杜鲁门会见麦克阿瑟将军。

麦克阿瑟因战功卓著，在军界和政界都享有很高的声誉，所以在会见中十分傲慢，会谈过程中，当屋子里只有他们两个人的时候，麦克阿瑟拿出烟斗，装上烟丝，把烟斗叼在了嘴里，并取下火柴。当他准备划燃火柴时，才停下来，对杜鲁门说："我尊敬的总统先生，我抽烟，你不会介意吧？"

很显然，这并不是在真心征求对方的意见，在他已经做好准备的情况下，如果对方说介意他抽烟，那就会显得粗鲁和霸道。这种缺少礼貌的傲慢言行使杜鲁门很是有些难堪。

然而，他只是笑着看了麦克阿瑟一眼，耸耸肩，自嘲道："抽吧将军，别人喷到我脸上的烟雾，要比喷在任何一个美国人脸上的烟雾都多。"

麦克阿瑟闻听此言，觉得有些不好意思，于是自己将烟斗收了回去。

由此可见，当令人难堪的事情即将要发生或已经发生的时候，运用自嘲手段可以委婉地拒绝，使事情出现转机。也会使你的自尊心通过这种方式得到保护，同时不会引起他人很强烈的反感。生活当中，我们会碰到很多诸如此类的事情，尤其是当年轻人遇到这类事情的时候，很容易冲动。认为这是对自己的不尊重和不礼貌，说话会带着浓浓的火药味，那样既使自己不快乐，同时也会引起别人的反感。那么，在这个时候，自嘲的手段就会显得尤为重要。通过自嘲，我们可以充分表达自己的意愿，又可以委婉地拒绝事情的发生。既为自己赢得了面子，也给足了别人面子，可谓是一举两得。

1.在自嘲中赢得自尊

我们都知道要想赢得别人的尊重，首先自己就要先尊重别人。在当今快节奏的生活环境下，许多人紧跟节奏，却少了一丝幽默与诙谐。这一点尤其表现在当今年轻人当中。有时候开头一个善意的玩笑，往往都会引发争吵。这样与人相处，自然得不到别人的尊重，甚至有可能被周围的人孤立。那么，我们可以在争吵中试着去学会自嘲，就算是别人的一个玩笑拿自己开涮，我们也可以通过自嘲来化解，以这样的方式既尊重别人，增加感情，又可以赢得别人的尊重。不与别人在这些事情上非要争个高下，才能显出自己的水平来。相反，一个说话粗鲁，随便打断别人说话的人，是任何一个人都不会喜欢的。

2.在自嘲中学会说话

生活中，学会在自嘲中去拒绝别人也是一门学问。当一件事情发生时，如何拿捏话语的分量，也是十分重要的。同样拒绝别人的一句话，从一个人嘴里说出来，虽然被拒绝，大家都会觉得十分舒心。而从另一个人嘴里说出来，大家就觉得不那么顺耳了。在生活中我们常常会去商场买东西，当我们挑到一件商品发现它有瑕疵时，有的售货员就会说："就这样的东西，你爱买不买"；而有的售货员就会说："啊，是啊，这件东西真是这批中的另类，我可以帮您找一件同类的……"想想看，多数人都是会在心情好的时候去商场，如果碰到前一个售货员，我们的心情可想而知。如果别人有求于你，你明言拒绝别人是不礼貌的行为，也会使别人觉得难堪，而运用自嘲的手法，我们就可以委婉拒绝别人，当然，我们一定要在自嘲中学会拒绝。别让别人把我们当成是不礼貌的人。

3.在自嘲中学会拒绝

两个打工的人找到城里工作的朋友小张，对小张倾诉打工之苦，又说租房还没找到合适的，住店又住不起。言下之意要在小张这借宿。小张自嘲道：“我这耳朵眼大的房子住着一家三口，我儿子晚上都是睡沙发，你们来看我，我真应该好好留你们住几天。”两位同乡一听，只得知趣地离开了。现代年轻人喜欢说话直来直去，其实有时候我们不妨学学怎么去委婉地拒绝别人。拒绝别人有很多种方式，在自嘲的同时又可以暗示别人自己所处的尴尬境地，不失为一种绝好的方式。我们要在自嘲中学会委婉地拒绝别人，在自嘲中解决问题。

拒绝的艺术，让对方更容易接受

很多人害怕“拒绝”这两个字，对于“拒绝”他们纠结半天也说不出口，因为他们怕得罪对方，怕因拒绝而带来两人的疏远。但是他们却不晓得，这样做不但于事无补，反而会给自己戴上沉重的枷锁；一旦答应的事情无法完成，还会得罪对方，徒增烦恼。所以为人处世，学会说“不”很重要。

李红并不是心理咨询师，可是她身边，总有各种各样的朋友喜欢把自己的“隐私”说给她听。李红总是耐心地听着对方诉说，时不时还会因为对方的不幸遭遇而落下几滴眼泪。长期处于各种负面情绪困扰的李红终于承受不住这份压力了。

朋友之间的聊天，不外乎最近都有些什么活动和见闻之类的话题。

而李红却成了公认的被倾诉对象，一旦哪位好姐妹在感情上遭遇了挫折，她们都会把李红约出来，整整一个下午都哭诉自己的不幸。其实，她们都知道，李红并不能帮她们解决所有的问题，只是她们需要倾诉，需要把负面情绪释放出来。

如果说聊天的内容正常一点也就罢了，可是每每随着话题的深入，李红就会逐渐发现一些自己没有办法控制的事情。就在前几天，宁宁还在向她说怀疑自己的老公在外面有外遇，而梁静整天都向李红抱怨公司的待遇不好，王莹则是哭哭啼啼地告诉李红她又和男朋友分手了。李红从早晨一睁眼，就开始被别人这些杂七杂八的事情困扰着，以至于自己在工作的时候都无法把心思用在正常事务之上。

每次聊天结束之后，李红的朋友们全都像是获得了新生一般，她们的痛苦和委屈确实得到了发泄。而对于李红来说，本来好好的一个周末下午，却无缘无故地笼罩上一层阴云。有时候李红也不得不感叹，“知心姐姐”可真不容易当啊！而她还没有意识到自己其实已经处于危机之中了。

随着时间的流逝，姐妹们曾经对李红说过的话对她产生了潜移默化的影响。每次见到上司时，她总会想起梁静说的那些话；见到王莹的前男友，李红的心中则会事先树起一条警戒线。最近，李红不但在工作上频繁失误，而且连家庭关系都开始变得紧张。直到有一天李红才恍然大悟，原来自己的正常生活已经完全被打乱了。

有一位生活的智者曾说：“生活的艺术是学会说‘不’。”人的力量是有限的，有很多事情不是强人所难就能完成的。正因为如此，一个人应该懂得在现有的条件下，自己能做什么和不能做什么，这是对一个人要有“自知之明”的基本要求。如果你不懂得说“不”，那你就会生活得一团杂乱，你的正常生活就会被打搅，你也会像李红一样焦虑不安。

不敢拒绝，于是就答应下来所有的事，结果自己无能为力，对方内心落空，反而彼此情谊疏远。拒绝他人，考验的是你的随机应变能力。所以，应学会运用聪颖和智慧，巧妙地使用拒绝的话语，摆脱不利的局面，同时也能维持双方的关系。

1.态度尽量委婉、平和

尽量委婉、平和地说明你要说“不”的原因，让对方有台阶下，也不致伤了和气。如果可能，迂回一点讲也可以，而不直接说“不”，对方如果不是白痴，应该能听懂你的弦外之音，这是“软钉子”，而不是“硬钉子”。同时为了不伤和气，也可以说些谎话。

2.真诚阐明你拒绝的理由

如果你实在是有事情要办，无法答应对方的请求，你不妨真诚地告知对方你的苦衷，相信对方一定会理解你。不过，在告知对方的时候态度一定要真诚，要表达出你的愧疚，千万不可态度傲慢或冷漠，这样很容易伤害对方。

3.说话幽默一点更容易拒绝

最经典的幽默式拒绝无过于钱钟书拒绝某位女士的拜访：“假如你吃个鸡蛋觉得味道不错，又何必认识那个下蛋的母鸡呢？”又比如“拒绝绅士的邀请是一种罪过，可今天只能谢罪了。”想一个幽默而不失分寸的拒绝方式，表明你的拒绝，使双方都不会失颜面。

在聊天中，当你遇到了无法接受对方的观点与要求的情况时，就要学会拒绝对方，学会说“不”。但是在拒绝的时候一定要掌握一个尺度和一些技巧，降低对对方的伤害程度。只有这样，你才能赢取他人的喜爱。

别不好意思说“不”

生活中，有很多人都不好意思拒绝他人，羞于对他人说“不”。这是因为他们总觉得拒绝他人一定会使他人伤心，因而心怀愧疚，尤其是对于很多年轻人而言，他们更是不愿意说“不”，又因为自己能力有限不可能给所有人都带来帮助，也因此受到困扰。其实，说“不”是每个人的权利，不管是在心有余而力不足的情况下，还是在有能力帮助别人却不愿意帮助别人的情况下，我们都可以坦然地说“不”。归根结底，帮助一个人是看在彼此的情分上，而并不意味着你有此责任和义务，因而你也完全可以拒绝他人的求助，从而顺从自己的内心。

很多年轻人为了帮助别人，导致自己变得非常被动，甚至受到伤害和委屈，如此一来即使帮助了别人，非但不会快乐，反而使自己郁郁寡欢，可谓得不偿失。有的时候，我们还因为帮助别人心不甘情不愿，导致最终没有兑现自己的诺言，反而落得失信的下场，也是很不理想的结果。与其如此，不如在一开始就遵从自己的内心，坦然说不，反而能够得到他人的谅解，也能给自己带来心安。记住，说“不”是我们每个人的权利，我们可以理所当然地说“不”，也可以坦然大方地拒绝他人的请求，尤其是那些不情之请。

近来，26岁的小敏怀孕已经七个多月，因为肚子实在太大，她不得不停下工作，专心在家调养身体。小敏住的是租住的平房，一排房子有二十多间，整片社区里有三四十排这样的房子。因为闲来无事，小敏常常去对面那排房子，逗那个五六个月的小娃娃玩耍。这家人是在市场里做调味料生意的四川小夫妻，一边做生意一边带孩子，常常忙得没有时间做饭。有的时候小敏妈妈也会帮忙带“小四川”，以便让他妈妈专心做饭。一来二去，小敏全家和“小四川”全家越来越熟悉了。

有段时间，小敏的父母因为有事情回老家了，小敏便在父母的房间里住了几天。有一天，小敏正在睡觉，小四川的妈妈就抱着小四川在外面敲门，还说：“在吗？在吗？能帮我看下孩子嘛，我急着做饭。”这时，小敏正在关门闭户地睡觉呢！“小四川”的妈妈敲起门来没完没了，直到小敏开门。看着小四川，小敏为难地说：“不好意思啊，我不能帮你带孩子，平日都是我妈帮你带的，我的肚子太大了，没法抱他，怕他踹着小宝宝不安全呢！”这时，小四川妈妈还是不依不饶，说：“就把他放在床上，你看着别掉下来就行，不用你抱。”无奈，小敏只好留下“小四川”，帮忙看着。一眨眼的功夫，“小四川”就差点掉到床下，小敏赶紧抱着他送回去，不小心被“小四川”一脚踹到肚子，肚子隐隐作痛。足足一个小时，她都提心吊胆，肚子才恢复如常。等到老公下班回来，小敏说起这件事情，老公不由得责怪：“你呀总是面子薄，她家孩子凭什么一定让你看啊，而且你肚子还这么大了，自己都行动不便。这个“小四川”的妈妈也真是的，怎么一点眼力见都没有呢！”说完，老公找到“小四川”的妈妈，把情况说明了，“小四川”妈妈这才后怕地说：“不好意思啊，真没想到会出这样的事情，给你们添麻烦了，那等阿姨从老家回来我再找你们帮忙吧！”

显而易见，“小四川”妈妈是一个非常不知道好歹的人，对于一个挺着七个多月孕肚的孕妇，她居然还缠着小敏帮她看孩子。越是对于这样的人，我们就要看菜下碟，该拒绝的时候一定要毫不犹豫地拒绝，这样才能保护自己。就像小敏，假如肚子里的小宝宝真的出了什么问题，后悔可就晚了。

任何时候，我们都不能因为顾忌他人的面子，就打落牙齿往肚子里咽。尤其是当此时事关重大时，就更应该根据我们自身的判断，坚持自己的原则，这样才能有效保护自己。这就要求我们不能过分在意他人的想法，而且要坚定自己的意愿，不能像墙头草一样随风摇摆。总而言之，人与人之间互相帮忙并非责任和义务，人生一世原本就很辛苦，我们也没有必要为了帮助别人而过分委屈自己。也许在我们拒绝他人之时，会被他人指责为“自私自利”，但是只要我们自己心中坦然，又有何妨呢！记住，任何时候我们都是为自己活着的，而不是为了得到他人的肯定和赞许而辛苦地活着。

第 07 章
会打圆场，掌握打破僵局的技巧

打圆场，又叫和稀泥，当生活中出现尴尬局面或难堪情境时，就需要第三人打圆场。打圆场是从善意的角度出发，以特定的话语去缓和紧张气氛、调节人际关系。巧妙地打圆场，可以缓和气氛，使交流顺畅地进行下去。

语随境变，顺势而言

中国汉字博大精深，即便是对于同一句话，因为表达的语气、声调不同，也会有截然不同的含义。尤其是当语境改变时，话语的意思更会发生翻天覆地的变化。因此，我们在与他人交流时，一定要把握好语气、语调，更要密切关注语境的改变，做到顺势而为，卓有成效地解决问题。否则，一旦醉翁之意不在酒遭到误解，导致交流的双方产生误会，可就得不偿失了。

从这个角度出发，我们在日常生活与工作中，在与人交流的时候，既可以根据实际情况使用模棱两可的语言，也应该根据事情的发展使用明确清晰的语言。总而言之，语言的使用并没有一成之规，一个真正的语言高手，必须要做到语随境变、顺势而为，才能把语言的作用发挥到极致，也才能让语言为自己起到积极正面的辅助作用。

作为旅行团的导游，丝丝经常为了入住酒店时临时出现的问题和酒店的负责人交涉。这不，丝丝这次带着一个团五十名成员来到了美丽的黄山，在黄山脚下，他们下了大巴，首先办理酒店入住。不想，酒店里的服务员告诉丝丝："您好，因为锅炉房出现问题，所以原本预定的标准间没有热水，只能去公共浴室洗澡。"虽然都是洗澡，但是公共浴室和单独浴室相差甚远，丝丝根本不确定自己能否搞定这五十名旅客。为了不使旅客们集体抗议，她只好亲自与酒店的经理交涉。

丝丝："张经理，请问你们的酒店为何标间里没有热水呢？这对于您这样规模的酒店而言，根本不应该出现这样的问题啊。更何况您很清楚我们的旅行团今天傍晚到达，旅客们入住酒店的第一件事就是洗个热水澡，洗去尘埃，然后再吃饭睡觉，等着第二天正式展开行程。”

经理：“的确，我也非常抱歉，不过负责热水的张师傅家里有事，临时请假了。我们已经开放了公共浴室，要不你让旅客们今天晚上先凑合一下吧！”

丝丝：“我的团有五十名成员，而且有很多还是夫妻，他们原本可以住在标准间里随意洗漱，如今却要求他们去公共浴室，这一定行不通。我有两个方法，您可以参考一下。当初我们订房的时候是每人每晚一百元的标准，说好的是有热水的。现在既然没有热水了，那么您就要降低二十元旅费，这样我也好和旅客们沟通。”

经理：“这怎么可能呢？住宿的收费标准之前就说好了的呀！”

丝丝：“住宿的条件标准也是之前就说好的，您只需要向上级申请，我却要面对五十名旅客，您觉得哪个难度更大呢？假如您不愿意您的上级知道这件事情，那么希望您能马上找回负责供热水的师傅，给我们在一个小时之内供热水。”

经理听到丝丝的话毫无回旋的余地，又不愿意把此事闹到上级那里，影响上级对自己的印象，因而他只好赶紧驱车去接回负责供热水的张师傅。果然，全体旅客在一个小时之内都洗上了热水澡，他们也都为丝丝快速处理问题的能力竖起了大拇指。

在这个事例中，丝丝与经理针对住宿的收费标准和条件标准展开讨论，最终丝丝以非常强势的态度，给出经理两个解决问题的方案。无奈之下，经理为了保住自己的“乌纱帽”，只好驱车接回张师傅，最终圆满解决问题。

任何事情都处于发展之中，情况也是在不停变化的。在这种情况下，我们作为说话的人，也一定要根据事情的发展变化及时调整自己的思路，改变自己的表达方式。只有该说软话的时候说软话，该强硬表达的时候强硬表达，我们才能尽量圆满地解决问题。

委婉言语，指出对方的不足之处

在现实生活和工作中，我们很难时时处处都顺心如意，也常常因为各种各样的原因对他人感到不满。在这种情况下，我们是直接无所顾忌地发泄不满，还是压抑自己郁郁寡欢的心情，哑巴吃闷亏呢！真正的聪明人既不会为此大发雷霆，也不会以牙还牙、以眼还眼。很多时候，当我们仿照别人的样子回报别人给我们的伤害，也就把我们自己降低到与对方同流合污的处境。因而用他人恶劣对待我们的方式去对待他人，并非最高明的应对行为。最高明的应对行为，是不动声色地委婉讽刺和挖苦，使得对方明明知道自己遭遇反击，却哑巴吃黄连，有苦说不出。

正如人们常说的，极度的愤怒会使人的智商瞬间降低，正是基于这个原因，我们应该学会控制自己的情绪，让自己时刻保持冷静和理智。当我们不再仅仅依靠愤怒解决问题，我们就能够找到更好的方式使他人准确意识到自己的错误，如此一来，我们不但达到了目的，也不至于和他人正面冲突，可谓一举两得。

有一天，瑞比穿着一件非常破旧的衣服去饭店用餐，当时他刚刚从工地里出来，浑身还有些脏。因而，他径直走入饭店的大厅，看到那些服务员全都对他视若无睹，既没有人迎接他的到来，也没有人招呼他坐到餐位上点餐，恰恰相反，和瑞比前后脚进入饭店的那些西装革履的男士，则都得到了热情的招呼和妥善的对待。为此，瑞比觉得愤愤不平，不过他并没有表现出来，更没有与那些以貌取人的服务员理论。相反，他一声不吭地走出饭店，回到家里，沐浴更衣，穿上自己最昂贵的西服，再次来到这家饭店。

不等瑞比正式走入大厅，服务员就赶紧满脸堆笑地迎上前来，引领瑞比来到一张餐桌前坐下，还亲手帮助瑞比脱掉外套。在瑞比点菜的时候，服务员更是热情地向瑞比推荐他们饭店的招牌菜，很快，瑞比就在服务员的指导下点好了菜。等了没多久，服务员把菜端上来，毕恭毕敬地对瑞比说："先生，您的菜品来了，请您慢慢享用。有任何需要，都请您随时呼唤我。"这时候，瑞比突然做出一个使服务员费解的举动，只见他脱掉外套，把外套摆放在桌子上，对着外套说："衣服，请快用餐吧！"服务员不知所以，问："先生，您这是在做什么呢？"瑞比睥睨着服务员，说："我当然是在招呼我华贵的外套吃饭啦。我刚才来过一次，因为穿着破衣烂衫，所以你们都把我当空气。如果不是回家换了这套衣服，只怕我今天晚上还吃不上这顿饭呢！我可知道，你们这里的美味佳肴和美酒，都是为衣服准备的！"

服务员听着瑞比的话，羞愧地无地自容，恨不得找个地洞钻进去呢！他赶紧向瑞比道歉。

在这个事例中，假如衣衫破旧的瑞比当场就和以貌取人的服务员大吵起来，一定会导致严重的争执和不愉快。当然，瑞比也完全没有必要影响自己就餐的好心情。他一声不吭地回到家里，换上最好的衣服，如此一来，他再回到饭店时自然得到了服务员的周到服务。对此瑞比依然不动声色，直到美味的饭菜上桌，他才恭恭敬敬地让衣服吃饭，由此以委婉含蓄的方式尖锐地指出服务员以貌取人的行为，也使得服务员深刻意识到自己的错误，主动给他道歉。

在很多尴尬的场合，我们都可以使用含蓄的语言，把原本沉重的或者是容易引起争执的话题，变得轻松愉悦，而且含义深长。当然，也许用这样的方式解决重大的问题有些力不从心，但是对于生活中遇到的很多小问题，这种方式却能够很好地起到点破的效果，至于其中的深长含义，就等着被点破的人独自领悟吧！这种方式不但能够解决这些鸡毛蒜皮的小事情，也能够顾全彼此的颜面，最重要的是使错误的一方深刻意识到自己的不足，可谓是一举多得的好方法。

打好圆场，给对方找台阶下

中国人素来爱面子，尤其是在人际交往中，更是处处怕失了面子，这也是中国人的普遍心理。但人们在处理人际关系的时候，也会因经验或能力的不足而面临尴尬的局面，或与客户争吵，或被上司批评，或被同级嘲笑等，此时他们都希望能保住面子，保持尊严。此时。如果我们能巧妙地打圆场，帮对方找到一个台阶，从而让他摆脱难堪的局面，那么，对方一定会从心底感激我们。

三个女孩子雯雯、李丽还有小晴她们决定周末的时候一起去书店买书，她们约好周日的早上在书城碰面。九点的时候李丽和小晴准时到达书城，她们见雯雯还没有出现，就一起走进了书城的里面，没想到她们在里面看见了雯雯。李丽是个急性子，看见了雯雯气就不打一处来了，责备雯雯道："我们在外面等你，外面天寒地冻的，你倒好，自己一个人进来就溜达上了，不记得我们了，是吧？"雯雯听了也急了："我八点五十就来了，一直在里面等你们，外面天寒地冻的，我总不能在外面傻等吧。"两个人各说各的理，谁也不让谁。这时小晴走过来，说道："其实这都是误会，你们谁也不想耽误对方的时间。"她转身对雯雯说道："今天李丽穿得比较少，在外面又等了那么久，她向你抱怨两句也是情有可原的。"雯雯很愧疚地点了点头。这时小晴又对李丽说道："人家雯雯也没有违约，比我们还早到十分钟呢。都怪一开始的时候，我们没有约定好见面的地点，这次就长记性了，以后一定要约好见面的地点。"雯雯和李丽听了小晴的话，都觉得很有道理，于是她们就向对方表示了自己的歉意，三个人高高兴兴地去买书了。

案例中的小晴就是个善于打圆场的女孩。不得不说，现实生活中，一个经常打圆场的女人容易得到别人的好感，容易提升自己的个人魅力。女人在生活上不仅可以为家庭、为朋友、为邻居们打圆场，在职场上也可以为上司、为同事、为客户打圆场。打圆场不是和稀泥，越搅越混，而是为了达到息事宁人的结果。

所谓打圆场，是指交际人双方争吵或处于尴尬处境时，由第三者出面进行调解的一场方法。打圆场运用得好，有利于打破僵局，解决问题，还可以融洽气氛、消除误会、缓和矛盾、平息争端、联络感情。

可见，交际中遇到尴尬的场面时，做到审时度势，准确把握双方的心理，然后运用说话技巧，借助恰到好处的话语及时出面打圆场，化解尴尬，维护交际活动的正常进行就显得十分重要和宝贵，也确实是十分必要和值得重视的。那么，我们在交际中，怎样才能不失时机地打好圆场呢？

1.找个借口，给对方台阶下

有些人之所以在交际活动中陷入窘境，常常是因为他们在特定的场合做出了不合时宜或不合情理的事，于是就进一步造成整个局面的尴尬和难堪。在这种情形下，最行之有效的打圆场的方法，莫过于换一个角度或找一个借口，以合情合理的解释来证明对方有悖常理的举动在此情此景中是正当的、无可厚非的和合理的，这样一来，对方的尴尬解除了，正常的人际关系也能得以继续下去了。而我们在无形中也多交了一个朋友。

2.侧面点拨

即不作直言相告，而是从侧面委婉地点拨对方，使其明白自己的不满，打消失当的念头。这一技巧通常借助于问句的形式表达出来。

3.审时度势，让各方都满意

有时在某种场合中，当交际双方因彼此不满意对方的看法而争执不休时，很难说谁对谁错，作为调解者应该理解争执双方此时的心理和情绪，不要厚此薄彼，以免加深双方的误解，并对双方的优势和价值都予以肯定，在一定程度上来满足他们的自我实现心理，在这个基础上，再拿出双方都能接受的建设性意见，这样就容易为双方所接受。

总之，打圆场是一种语言艺术，但打圆场必须从善意的角度出发，以特定的话语去缓和紧张气氛，调节人际关系，而从我们自身来说，掌握交际双方的心理，运用说话技巧，帮人夺回面子，也可以使我们在交际场合左右逢源。

暴露缺点，更容易让人亲近

人都是有缺点和优点的，也许有的人优点更多，但是一定不可能没有缺点；也许有的人有很多缺点，但是这也不能改变他们拥有优点的事实。对于他人，我们总是怀着一颗宽容友善之心，愿意给予他人更多的包容和理解，但是对于自己的诸多不足，我们却总是耿耿于怀，甚至因此而对自己极其不满。其实，每个人都是如此，既有优点又有缺点，从这个角度出发，我们也就无需愧对自己，只要尽心竭力做最好的自己便可。

通常，人们不愿意把自身的缺点表现出来，总想掩饰缺点，从而保证每时每刻都表现自己的优点，似乎这样一来自己在他人眼中就会变得近乎完美，就能够得到他人的认可和赞许。其实，这样胆怯的态度非但无法掩饰缺点，反而让他人对于我们的缺点看得更清楚，也因而影响对我们的评价。真正明智的人并不会刻意掩藏自己的缺点，他们是真正的勇敢者，总是能够直面自身的缺点，也更知道自己的优势和长处，因而才能扬长避短，取长补短，使自己的人生更加精彩和辉煌。

对于胆怯懦弱和自卑的人，当他人对他们的缺点进行嘲笑挖苦和讽刺时，他们总是不知道如何面对。与其辩解和遮掩，不如采取自嘲的方式。记得曾经有人说，自嘲是最佳的解决困窘的方法，甚至能够在进行自嘲的时候赢得他人的赞赏和慷慨帮助。这样的勇敢和无畏，使得每个人都对自嘲的人充满敬佩。那么不如从现在开始就锻炼自己的自嘲能力吧，当你能够恰到好处地自嘲，你也就拥有了在人际交流中游刃有余的能力。

有一次，林肯在街头行走时遇到一位妇人，这位妇人在认真观察林肯的相貌之后，说："先生，我从未见过比你更丑的人，你的脸实在是丑得没法看啦！"林肯丝毫没有恼火，反而平静地说："谢谢您中肯的评价，夫人，只是您有好的建议给我吗？"妇人笑了，狡黠地说："长得丑不是你的错，但是出来吓人就不好了。"林肯依然心平气和："谢谢您，夫人，我会认真考虑您的建议。"

几天之后，林肯与竞争对手开展了一场辩论赛，是公开进行的。在辩论过程中，林肯被对手指责为有两张脸，说和做完全不同，林肯不由得哈哈大笑起来，说："前几天，有位路上偶遇的妇人也觉得我太丑，甚至建议我不要出来吓人，但是为了为民造福，我不得不带着这种丑得不能见人的脸四处奔波。现在，你又指责我有两张脸，大家不妨为我评评理，倘若我真的有两张脸，我还会带着这种吓人的丑脸四处奔波吗？"听了林肯的话，包括对手在内，几乎所有人都哄然大笑。林肯之所以能够博得大多数选民的选票，就是因为他很善于自嘲，也非常喜欢调侃自己。

毋庸置疑，即便包括美国总统在内，都是有优点和缺点的，只不过每个人对待自身优点和缺点的态度不同，所以他们才会有完全不同的命运。诸如事例中的林肯，其实在成功当选美国总统之前，林肯一直厄运相随，从未受到过好运的青睐，但是他却非常坚强豁达，也很乐观，因而才能坚持到最后，成为那个成功者。由此可见，能够直面自身缺点的人都是真正勇敢的人，他们积极乐观，也因为敢于自嘲而在面对人际交往的尴尬时游刃有余。其实与其对自己的缺点遮遮掩掩，不如坦然面对，适当自嘲，反而会有效帮助自己博得他人的尊重和认可，也能够得到他人的慷慨帮助和坚定不移的支持。

移花接木，巧妙转移话题

现代社会，人际关系被提升到前所未有的高度，所谓多个敌人多堵墙，多个朋友多条路。为了让人生的道路越走越宽，我们理应多多结交朋友，尽量少树立敌人。在这种情况下，倘若遇到他人的恶意挑衅，不如巧妙地转移话题，从而减少冲突。当然，我们虽然友好，但不能怯懦，不能别人都骑到我们头顶上了，我们却一味地忍辱负重，苟延残喘，这不是友好，而是无能。我们必须区分友好与无能之间的关系，让自己成为一个真正顶天立地的人。出于这个方面的考虑，在回避与他人之间的矛盾时，我们不能低头，而应该采取偷梁换柱的方法，在对方不知不觉中转移话题，这样才能既保全自身的颜面，又减少冲突，正所谓一举两得。与此恰恰相反，倘若我们纠缠话题与对方不停地辩论，则只会让自己更难堪，也会于无形中得罪他人，给自己树立强敌。

今天，杨慧穿了一件新买的衣服去单位，这是一件枣红色的羊毛呢大衣，看起来质地很好。杨慧刚刚到单位，办公室里的好几个女同事都围上来，你一言我一语，都在夸赞她的大衣好看。这时，张敏突然走进来，冷眼看着杨慧的衣服，说："大衣的确不错，不过你不觉得你穿上之后就像五六十岁的大妈吗？"

张敏平日里在办公室一向特立独行，和谁也相处不来，又因为她的爸爸是她们单位的领导，所以大家都给她三分面子，她也就越来越得寸进尺，从来不把任何同事看在眼里。听到张敏这么说，杨慧心中当然不悦，但是她转念一想，自己穿衣服是给自己看的，自己喜欢就行，何必要求每个人都喜欢呢！为此，她笑着说："哎呦张敏，你的这条项链真漂亮，款式新颖别致，是在哪里买的呀？"听到杨慧赞美自己的项链，张敏也不好继续故意捣乱了，只好敷衍着说："我男朋友去美国出差带回来的，你喜欢的话，下次也给你带一条啊！""那可太谢谢了，我们这些人都没有机会走出国门看一看，看到你这项链真觉得喜欢呢！不过，就怕太贵了我买不起。"杨慧顺势说道，也恭维了杨慧。就这样，原本一个令人不愉快的话题被杨慧转移于无形，一上午，张敏都在为自己的项链而沾沾自喜，对杨慧的态度也好了许多。

面对张敏的恶意挑衅，杨慧自我安慰，丝毫没有将其放在心上。她还巧妙地偷梁换柱，转移话题，从而把话题顺利转移到张敏身上。张敏在听到杨慧以德报怨非但没有与她斤斤计较，反而还给予她慷慨的赞美之后，又如何好意思继续和杨慧叫板呢。所谓人在屋檐下，不得不低头。人在社会上，也往往因为各种各样的原因，导致自己无法畅所欲言地发泄心中的情绪。在这种情况下，倘若为了一时的痛快而树立敌人，也许会得不偿失，最聪明的做法就是巧妙转移话题，从而使他人的注意力从我们身上移开。

朋友们，你们是否也曾遭遇他人的冷言冷语呢？虽然我们要做不畏权势的正直人士，但是我们也要学会能屈能伸，不要因为意气之争而给自己惹下麻烦，这才是明智之举。当面对他人无关紧要的恶意挑衅，不如以偷梁换柱的方式转移话题，这样既能够保全自己，在以赞美的方式转移他人注意力时，还能博得他人好感，把一个敌人变成朋友，可谓一举数得。

绕个弯子提议，对方更容易接受

语言最重要的价值是为了表达某种意思，传递某种信息。而口才的最大价值就是既要让自己的态度和感情得到准确的表达，又给听者的心理上带来愉快和欢悦。在和别人交往的过程中，如何表达个人的意见和态度已经成为了最重要的社交研究课题。有很多人，并不是薄情寡义，也不是心胸险恶，但是在和别人的交往中会经常面临处处碰壁的悲惨下场。这和说话方式是有着很大关系的。错误的表达方式，必然会导致让人不快的结果。

在人际关系中，很多人都喜欢直接提出个人的思想和观点，而实际上，这种最直接的说话方式却是效率最低的。有时候不仅无法正确达到我们想要的结果，还会引起别人的误解和愤怒。这就要求我们在交际场合中，学会用心说话，讲究一下策略。直接提出个人的观点是行不通的，那么就用语言的迂回战术来达到交谈的目的。迂回的方式虽然显得有些啰唆，但却会起到很明显的效果。

比如，有一对夫妻就是这样对话的：

有一个妻子准备为丈夫买一件衣服，但是丈夫平日里节俭惯了，担心丈夫不同意，就对丈夫说："咱们的女儿就快要举行开学典礼了，可是孩子的衣服大部分都旧了，是不是应该去服装店里买上几件呀？"

丈夫听了之后，觉得妻子的话讲得句句在理，就很爽快地答应了，说："开学典礼不是一件小事，咱们应该好好对待。孩子穿什么样的衣服由你决定好了。"

妻子又说："你还是没有听明白我的意思，我说的并不仅是孩子的问题。"

"不就是女儿参加开学典礼的衣服吗？这个事你自己决定不就行了吗？"

"我知道。但是，孩子的开学典礼我也必须参加，我总该为自己准备一件衣服吧？你还是帮我参考一下吧。"

丈夫显得有些不耐烦了，"你自己穿什么衣服还用问我吗，自己决定不就行了吗？"

妻子解释说："我整天在家里待着，都快忘记怎么样选择衣服了。你还是帮我去看看哪一件合身吧。"

"唉，真拿你没办法，好吧！"丈夫不情愿地陪妻子来到衣橱前。

妻子一边挑选一边说："哪一件好看呢？虽然衣服不少，但好像全部都过时了，你不觉得这些衣服的样式都太老气了吗？"

"是吗？我怎么不觉得？"丈夫敷衍着说。

"你看嘛，这件虽然是去年才买的，而且颜色、式样都不错，但现在已没人穿这种衣服了。再说这一件吧，这是去年秋天买的，但现在已经不流行这种款式了！难道你没有发觉吗？"妻子问道。

"嗯，听你这么一说，我好像也觉得过时了。"

"那么，在给孩子买衣服的时候也该给我置办一件了，你说是吗？你说我再买一件好吗？再买一件……"

"真拿你没办法，你自己决定好了。"丈夫表示同意。

妻子就乘胜追击，对丈夫说："其实你也该打扮打扮了，经常穿着一件衣服，显得很没面子。这次我还是帮你买一件衬衫吧！"丈夫觉得是有必要买件新衣服了，于是便痛快答应了。

在日常生活中，总有一些不好直接提出来的话题，在这个时候我们就需要暂时地抛开这些让人心理有些不舒服的话题，从另外的角度谈起，在双方进行交谈的时候，想办法一步步地朝着你想要的内容去过渡。有了一个缓冲带之后，对方就会比较容易接受一些平时比较敏感的话题，和你进行愉快地交谈。

有一个战略家在《战略术》一书说："无论是在政治、经济还是国际关系中，迂回战术都明显比直接攻击高出一筹。因为直接攻击只会激怒敌方，从而引起更加强大的反抗。迂回则不同，它是以间接的、不知不觉的方法使形势转变到有利于自己的一方。在商业竞争中，讨价还价也比直接求购强得多。"在交际场合，我们同样需要用迂回战术来表达个人的建议，获得别人的认同。只有懂得绕弯子，才会在办事的过程中少碰钉子。

第 08 章

宽容待人，一团和气不留矛盾

宽容，是一种品质，更是一种修养。宽容待人，并不是胆小无能，而是一种海纳百川的大度。学会宽容待人，会让我们赢得更多的朋友，拥有更和谐的人际关系。宽容待人，一团和气不留矛盾。

主动表达歉意，化干戈为玉帛

在人际交往中，我们往往会在有意无意间因为各种各样的原因与他人发生矛盾，导致彼此的友谊受到伤害，造成不愉快，甚至产生感情上的隔阂。冤家宜解不宜结，如果问题不大，我们可以主动一些，所谓“退一步海阔天空”，向对方表达出你内心深处真诚的歉意，主动化解往日的不愉快，相信你收获的不仅是一段友谊，更是内心的释然和愉快。所以说，不要置气，也不要记恨对方，多一点宽容，你内心的疙瘩就会越来越少。

彭凯和办公大楼的管理员吴小刚发生了一场误会，两个人谁都不肯先低头，矛盾愈演愈烈，甚至演变成激烈的敌对状态。吴小刚为了表达对彭凯的不满，整栋大楼只剩彭凯一个人的时候，就干脆把整栋大楼的总电源关掉。这样的事情连续发生了几次之后，彭凯终于忍无可忍了。

转眼又到了周末，来公司加班的彭凯刚在办公桌前坐下，电灯就灭了。他气得直跺脚，一口气奔到楼下的锅炉房。看到正若无其事地边吹口哨边添煤的吴小刚，彭凯气不打一处来，不由得破口大骂，直到把能想到的所有脏话都骂完了才停下来。这时，吴小刚放下了手中的铁锹，直起身，转过头来，看到双手扶着膝盖在那里喘气的彭凯，他笑着说：“呀，你看起来有点激动过头啦。”

看着吴小刚的笑脸，彭凯什么都没说，而是走回了办公室。坐在办公室里，他反省了一下自己，终于想通了。觉得很不好意思的他重新回到锅炉房，吴小刚吃惊地看着他：“你到底有什么事，怎么又来了？”

彭凯挠挠头说："我来向你道歉，不管怎么说，我都不该开口骂你。"听到这里，吴小刚也不好意思起来："不用向我道歉。其实我刚才并没有听见你讲话，而且我做的也不对，我只是泄泄私愤而已，对你这个人我其实并没有恶意。"两个人又在一起聊了一个多小时，过去的矛盾和误会自然也解开了。

可能有人说，那些人曾经伤害了我们，我们怎么可能做到主动去结交呢？然而，你需要明白的是，最高境界的爱和宽容，就是宽容那些伤害过自己的人。这不是一件容易的事，但是如果你这样做了，就会从中体验到我们的富有和强大。

天下没有解不开的疙瘩、没有打不破的坚冰、没有过不去的火焰山，只要真诚地付出，主动示好，你会发现化解误会、重拾友情并不是一件难事。希望大家能够战胜自己的心理压力，做一个胸怀宽广的人。

那么，如何才能说服自己主动去化解生活中的矛盾呢？我们不妨从以下几点入手：

1.有错就要主动承认

如果朋友对你的敌意是由你的不当行为而引起的，你就应勇敢地承认自己的错误。这样不仅可以有效地防止对方对你的进一步攻击，避免你们之间的关系进一步恶化，同时还可以挽回你与对方之间的合作，迅速扭转不利。

2.不要有心理偏见

例如可能你会认为，与不喜欢的同事合作，这种想法不是太功利性了吗？但其实，你想过没有，你之所以不喜欢这个同事，是谁的问题呢？如果他的人际关系很好，而唯独你不喜欢他，那么这很可能就是你的问题了。因此，在与之合作前，你最好能消除对他的某些偏见。

3.背后称赞，缓解对方的反感

良好的沟通，可以帮助化解人际交往中的矛盾问题。面对矛盾，只要能够做到态度诚恳，及时主动，相信再大的矛盾也能冰释前嫌。如果你也想拥有良好的人缘，千万别忘了这一招哦。

4.为人谦和宽容，学会忍耐

为了维护良好的关系，和谐地和对方相处，必须学会忍耐。我国历来崇尚谦让和忍耐，但这并不意味着无原则地去委曲求全，也不是让我们去一味地忍耐，否则的话，某些人将被长期放纵下去，而越发的为所欲为。这里指适当地忍耐和节制，并正确掌握和运用这一手段。

“人非圣贤，孰能无过”。对他人犯下的错误念念不忘，就会形成思想包袱，既不利于自己的身心健康，对双方的关系也会带来不良影响。事情过去了就算了，最好将不愉快的事淡忘，谁对谁错，就不要深究了。

得理饶人，有效融洽人际关系

“得理不饶人，无理搅三分”，这是一些人常犯的毛病。如果在职场中喜欢把一件不足挂齿的小事复杂化，不仅会把上司或同事搞得下不了台，还会给人留下固执、小心眼的印象。所以，对一些非原则性的问题，即使得理也不妨饶人，这样不仅可以化解矛盾，更可融洽人际关系。

在杂志社里，黎贝贝算是很能干的员工，工作能力很强。但是，每年同事对她的综合评分却并不高。究其原因，是黎贝贝不被同事所喜欢。主管陈康一直不理解是为什么，直到有一次，陈康才明白其中的原因。

一天中午休息的时候，李磊和同事王勇在办公室里追赶着，用水杯向对方身上泼水打闹。李磊一不小心将一些水正好泼到黎贝贝的文案上，他见王勇正向自己发动“反攻”，于是顾不得那么多了，掉头就跑。

黎贝贝刚做好的文案被弄湿了，顿时火冒三丈，怒冲冲地向李磊追去，一把拉住李磊：“你看看，我做了好久，刚写好，就让你弄成这样，这让我怎么交给经理呀？”

一些同事也都说李磊和王勇在办公室里打闹太不像话。

李磊也意识到了自己的错误，连忙放下水杯向黎贝贝道歉，黎贝贝哪肯接受，依然火气冲天地说：“一开始你为什么不主动向我道歉？”

“当时王勇追我追得很紧，我……”

“我没兴趣知道你们的事，我问你当时为什么不向我道歉！”黎贝贝打断李磊的话说。

被黎贝贝这么一说，李磊窘得满脸通红，很小声地说：“那我现在再次向你道歉还不成吗？”

“你的道歉就那么值钱？你也不看看我的文案，被你糟蹋成什么样了！这可是我加班赶出来的呀！”黎贝贝指着文案对李磊吼道。

看到黎贝贝得理不饶人的架势，整个场面都僵住了。

这时，李磊说：“要不，我帮你重做一下吧。”

“谁要你帮了，让别人帮我不习惯！再说，这是我的工作，你能做得好吗？”黎贝贝仍然不依不饶。

听黎贝贝说罢，李磊一句话都说不出来。一旁的王勇出面主持公道：“黎贝贝，李磊弄湿了你的文案没有及时向你道歉，是他不对，可人家现在不是向你赔不是了吗，而且他想帮你重做，我看都是同事，就算了吧。”这时旁观的同事也附和着。但黎贝贝还是觉得心理不平衡，于是又要拉李磊去陈康那儿说清楚。

无奈，两个人来到了主管陈康面前。了解情况后，陈康按照不准在办公室打闹的公司规定，给予李磊一百元罚款的惩罚。

事后，王勇愤愤不平地说：“一点道理都不讲！”其他同事也觉得黎贝贝太过分了。就连平时和黎贝贝相处不错的同事都说黎贝贝“太小心眼了”。

后来，因为不能和同事和睦相处，黎贝贝向老板提出了辞职。

切记，给对方一个台阶下，得理饶人。否则，不但消灭不了眼前的这个“敌人”，还会让身边更多的朋友疏远你。得饶人处且饶人。放对方一条生路，为对方留点面子和立足之地。这样做并不是很难，而且如果能做到，还能给自己带来更多好处。

在社交中，如何才能做一个有修养、有道德、怀揣道理但不蛮横的人呢？我们可以从以下几点来要求自己：

1.为自己的粗鲁而羞愧

从提升气度的角度来说，得理不饶人是一种粗鲁的行为。遗憾的是，在我们身边，总是有很多人觉得这是一种理所当然的行为，甚至这些人还得寸进尺、变本加厉，要求对方按照自己的要求来做一些事情。所以说，我们要从心理上鄙视这种行为，不要把事情做的太绝，要懂得，自己是一个有修养的人，而不是蛮横无知的粗人。

2.以大局为重，不斤斤计较

“将要取之，必先予之”，这也是一种高明的处世哲学。凡事以大局为重，不去斤斤计较。无论什么事，大度一点，糊涂一点，想开一点，也就不是委屈了。如果硬是想不通，太委屈了，就去全神贯注地，甚至是拼命地去做一件事，一切烦恼也就弃之九霄云外了。

3.尽量与对方委婉沟通

即使是在比较严重的问题上，也尽量用委婉一些的方式跟对方沟通，以防止矛盾再次激化，隔阂继续加深。得理也要饶人，退让并不是逃避，批评也要能让人接受，这样才能达到一种大事化小、小事化了的双赢效果。

话说“有理走遍天下，无理寸步难行”，固然没有什么不对。但有的时候，有理也得让一步。所谓“退一步海阔天空”，只要我们肯让一步，相信对方也不会胡搅蛮缠。如果我们总仗着有理，非要将对方逼入绝境的话，那么最终可能损及自身的利益，这样就得不偿失了。

学会退让，赢得对方的尊重

“忍一时风平浪静，退一步海阔天空”，在与人交往的过程中，如果能够学会退让，懂得适时适度地糊涂一点，那么不仅不会使彼此之间的矛盾激化，还会让自己赢得他人的尊重和认可。所以做人就是要糊涂一些，只知道前进不知道让步的人是没错的，但是不成熟的。

隋炀帝大业十一年，李渊被诏封为太原留守，奉命讨捕一群盗寇。他上任后没多久，北边的突厥就率领数万兵马来袭击太原，想要一举夺取太原城池。李渊便派自己的爱将王康达出战，当时他手上的兵马不多，所以他只能拨千余兵马给王康达，没想到交战没多久，几乎全军覆灭，只有王康达一个人狼狈逃回军营。

后来，李渊便巧使疑兵之计，这才勉强吓跑了突厥兵。更让人生气的是，在突厥的支持和庇护下，郭子和、薛举等人趁着战乱，纷纷起兵闹事。这让李渊防不胜防，因为他随时都有被隋炀帝借口失责而杀头的危险。

为此，人们都以为李渊怀着刻骨仇恨，一定会与突厥决一死战。可没想到的是，李渊竟派遣谋士刘文静为特使，向突厥屈节称臣，并把所有的金银珠宝都送给了始毕可汗，以表达自己的投诚之心。李渊这种屈节让步的行为，让他的儿子们都深感耻辱。

然而，李渊在周围人的指责之下，依然能够做到“众人皆醉我独醒”。因为他知道，虽然屈节让步的确有点丢人，但对于他这种好玩弄政治手段的人又算得了什么呢。原来李渊根据天下大势，早已决定起兵反隋。而要想成大气候，太原虽算的上是一个军事重镇，但却不是一个理想的发家基地。他必须西入关中，才能够号令天下。而太原又是李唐大军万万不可丢失的根据地。他要用什么办法才能保住太原，顺利西进呢？

当时，李渊手下的兵将不过三四万人马，想要屯驻太原，应付突厥的随时出没，同时又要追剿有突厥撑腰的四周盗寇，真可谓难上加难。为此，他才想起一个办法，那就是采取和亲政策，让突厥“坐受宝货”。

果然不出李渊所料，唯利是图的始毕可汗真的答应与李渊重归于好。由于李渊的举动让突厥人觉得是甘心让步，为此，始毕可汗还送给李渊不少马匹及士兵。而且，李渊又乘机购来更多马匹。没过多久，他就拥有了一支战斗力极强的骑兵。此时的李渊，不仅在关中站稳了脚跟，还拥有了辽阔的根据地。后来，李渊不费吹灰之力，便收复了太原。

留一步，让三分，是一种谨慎的处世方法，适当地退让不仅不会招致危险，反而是寻求安宁的有效方式。个人生活中，除了原则问题必须坚持，对于小事，对于个人利益，谦让一定会带来身心的愉快，以及和谐的人际关系。有时，这种“退”即是“进”，“予”即是“得”。

懂得退让并不是说没有自己的原则，退让也是有所讲究的，那么你知道怎么做一个谦让有礼的人吗？以下几点大家可以参考：

1.头脑清醒，懂得低头

不管是在什么时候，我们都要保持清醒的头脑，在世事的曲折变化中，及时调整策略，懂得低头退让。因为，真正的强者必定不会是一个只懂逞强的人，而一个懂得退让的人，其心里必然装着整个大局。

2.暂退一步，懂得伺机而动

回避锋芒，不直接对抗，能让你的心灵自在、祥和，矛盾也会在迂回曲折中得到妥善解决。一旦回避了锋芒，你就会发现事情原本可以很简单。识时务者为俊杰，当你处于矛盾的漩涡中时，当你处于矛盾的焦点时，你不妨暂退一步，再伺机推脱。

3.保持住自己的底线和原则

有些事情可以退让，但是涉及原则的问题是不可以退让的，否则那就失去了自己做人的底线。此外，对于那些不识抬举、咄咄逼人的人，我们没必要一味地妥协，因为他们并不懂得你的心意，对他们妥协就是对自己的不负责。

4.处事温和，善于引导对方

与人交谈的过程中，先不要急着去否定对方，应该尽量避免和人争辩，先以一种平和从容的姿态顺着对方的意思去说，然后慢慢地引导对方了解自己的错误。只有这样，才不会激化矛盾，把小事弄大。善于说话的人都是善于引导对方、懂得化解矛盾的人。

在进退两难的时候，懂得退让，换一种思维方式考虑问题，这未尝不是一种解决问题的有效途径。在走不通的地方，要知道让人先行的道理；在走得过去的地方，也一定要给予人家三分的便利，这样才能一帆风顺。

及时化解冲突，维护好人际关系

在日常生活中，我们经常能发现这样一些现象：一面刚粉刷的白墙，人们都会小心翼翼地维护它，若一不小心留下污渍，大部分人会想方设法、竭尽所能地让它恢复洁白。但若这面墙上已经有了一处涂鸦，而没有及时除去，那么更多的涂鸦甚至是破坏便会接踵而至。一条大街上，如果洁净如洗，那么即便这整条街区都没有垃圾桶，大部分的过往行人都不会随意丢弃垃圾、制造脏乱。然而，如果这条街本身脏乱不堪，那么即便四处设置垃圾桶，有些人也会随意地扔垃圾、吐痰甚至是便溺。这种现象，就是心理学上所讲的“破窗效应”。

“千里之堤，溃于蚁穴”，一切难以弥补的重大影响，往往都是从那些不经意的小处开始弥漫的。破窗效应的提出，最初应用在犯罪心理学上，如今，这个心理现象已经在更加广泛的领域得到了验证和利用，如管理学、经济学等。而在人际交往方面，破窗效应也给我们带来了很重要的提示：当我们和他人产生了一些小矛盾、小摩擦时，一定要及时化解，若置之不理或火上浇油，很可能会导致更大的矛盾和摩擦出现，使我们的人际关系出现难以弥补的裂痕，甚至会让我们在莫名其妙中，将朋友“逼”成了对手。

那么，我们在面对人际交往中的矛盾和摩擦时，又该如何处理，使得我们的人际关系不因破窗效应而产生更大的裂痕呢？

1.避免冲突、保持冷静

当矛盾产生、摩擦出现时，我们首先要做的就是保持自己的冷静，闭上嘴巴，不要继续争论使得冲突加剧。两个面红耳赤的辩论者，两张喋喋不休、口不择言的嘴巴，永远无法真正解决问题。我们无法保证对方能够主动冷静，但至少应该让自己的头脑先冷却，让自己的情绪先平静。俗话说“伸手不打笑脸人”，当你先停止争执，表现出平静友好的态度时，那么对方的火再大，也很难再将冲突继续下去。

2.不可一味回避

有的人不善于处理人际矛盾，面对问题，他们首先感到莫名其妙，不明白这些人际冲突为什么总是出现在自己身上。随后，便奉行“沉默是金”的法则，不论问题发展到什么地步，都只知回避，而不去正面解决问题，殊不知，这是人际交往中的大忌。暂时的回避可以让冲突得到缓解，但长久的回避，只会让摩擦越来越重、矛盾越来越深，让原本可以轻松化解的问题变得难上加难。须知，良好的沟通，才是维护和谐人际关系的前提。

3.找到问题的根源所在

避免破窗效应的蔓延，避免问题由小而大，化解矛盾是首先要迈出的一步。而矛盾化解后，我们更需要找到产生矛盾的根源，如此才能避免日后反复出现问题。常言道“事不过三”，即便每次矛盾都能被我们巧妙化解，但如果每一次的矛盾都是因为相同或相似的问题，那么纵使对方耐心再好，也会逐渐失去与我们相处的欲望。

破窗效应对于人们心理的负面影响，是我们每个人都应该在心底敲响的警钟。古人常说防微杜渐、未雨绸缪，其本质也是对破窗效应影响的深刻理解。我们只有从小处着眼，从细节入手，在人际交往乃至社会生活的各个方面都及时修理好“破窗”，才能防患于未然，使我们的社交乃至人生走入一个良性循环。

灵活周旋，让对手成为朋友

我们在一生中，会遇到各种各样的人。有的人豪气干云，有的人小心翼翼，有的人心直口快，有的人心机深重——无论是怎样的人，包括我们自己，在日常的工作生活中，都难免得罪别人。而这些“敌人”，可能源自一个不经意的玩笑，一次意见分歧产生的误会或是一场你死我活的竞争。

在我们的人生道路上，或许朋友不能如想象中那般大力援助，但敌人对你的阻挠和破坏，却远远超乎你的想象。无论是工作还是生活，一旦某个领域出现敌人，我们便不得不小心翼翼地防备，提心吊胆地提防。其实，我们与其整日在与敌人的斗争中疲于奔命，为何不化被动为主动，掌握并运用化敌为友的社交技巧，与敌人握手言和，化干戈为玉帛呢?

在这个镇子里，汤姆和约翰这对房贴着房、院挨着院的邻居，是出了名的“冤家对头”。也不知是上辈子的因缘还是祖辈就传下的矛盾，两人从小就看对方不顺眼，唯一的交流就是争吵。

汤姆爱听广播，到了他爱听的节目时，他把收音机的声音调得隔壁都听得见。约翰就故意在他最爱听的节目播放时除草。约翰是个自由撰稿人，经常昼夜颠倒，不到下午绝不起床。汤姆就故意在清晨时分，往往是约翰刚刚入眠的时候架起家里的除草机……就这样，他俩你来我往，互不相让。甚至到两人结婚以后，各自的太太也因为丈夫的脾气，彼此间没有来往。

这年夏天，汤姆的儿子小学毕业，升入当地一所著名的中学。汤姆和太太应儿子的要求，带着儿子出国旅游。刚开始时，约翰夫妇并没有发现汤姆一家外出了，每次除草时，约翰还暗自庆幸，心想好几日没有被隔壁那除草机的马达轰鸣声吵醒了。但日子一长，约翰看着隔壁高出自家一大截的草坪，才发觉汤姆家很久没有除草了——也就是说，汤姆家近期都没有人住。

这疯长的草坪在他人看来，简直无异于在门口贴上“欢迎来偷”的大字报。有了这个想法后，约翰再难平静。虽然万分不愿意，他最终还是嘟囔着嘴，将汤姆家的草坪打点干净。

又过了一周，汤姆一家终于回来了。面对整洁的草坪，汤姆和妻子都十分惊讶。然而，他们问遍了整个街区，都没有人说那是他帮的忙。最终，怀抱着千分不信、万分不解的心情，汤姆敲开了约翰的大门。面对约翰，汤姆踟蹰良久，还是开口了：“约翰，是你帮我除的草吗？”

“嗯，是我。”约翰淡淡地回答，似乎已经准备好了接受汤姆的责难。

然而，汤姆并没有因为约翰的“擅自行动”而指责刁难。他犹豫再三，最后羞涩般地说了声“谢谢”，便转身离开。约翰愣在原地半晌，随后笑了笑，脸上也微微泛起红晕。

如今，两家已不再像之前那样针锋相对。虽然汤姆和约翰还没有称兄道弟，两家的太太也还没有姐妹情深，但彼此见面时已开始互相点头致意，甚至微笑着打招呼，这对于两家的关系来说，就是一个极大的进步，是一种质的飞跃。主动向敌对的人示好，这种行为可谓出人意料。但就是这种让人意想不到的举动，往往会带来丰厚的回报。

俗话说，“多个朋友多条路，多个敌人多堵墙”。我们在社会生活中，给自己树敌可谓是一种极其愚蠢的举动。然而，不管有意无意，不管敌人多寡，一旦对方形成了敌意，我们之前的错误便已经成了既定事实。时光不能倒流，历史不能改变，与其后悔懊恼，不如主动出击，灵活周旋，让敌人的恨意化于无形，让我们的对手成为朋友。

那么，当我们身边出现“敌人”时，我们又该运用哪些方法，才能真正做到化干戈为玉帛呢？

1.主动示好

当我们在社会交际中与他人产生矛盾，或是他人已经对我们表现出明显的敌意时，我们首先要做的就是主动示好，迈出关键的第一步。当你态度诚恳、语气谦和地主动示好时，对方通常难以再恶言相向，这样，双方也就有了进一步沟通和彼此加深了解、消除误会的基础。而放低姿态主动示好，看似你矮了对方一截，实则让你在风度、胸襟上更胜一筹。他赢的是面子，你赢的是里子。

2.推功揽过

当双方能够进行平和、冷静的沟通时，我们应当主动承担起这次矛盾或是引起对方敌意的责任，而不是抱着急于为自己辩解或指责对方的不良心态。只有这样，我们才能开启对方的心门，让对方的不满得到最大程度的化解。很多时候，你越批评自己，对方往往越宽容，越容易对你产生好感。

而对于对方的优点和长处，我们应当在谈话中适时适度地表达出自己的钦佩和敬重。即便对方曾经有过打击报复你的行为，你也应当感激他的宽容令事态没有进一步恶劣下去，并针对他在其他方面的为人处世态度给予褒奖。这种褒奖往往能够起到暗示作用，当你将他树立成一个优秀的典范并表达出足够的敬意时，他的潜意识会将自己打造成你描述的那个令你敬仰，值得你信任、爱戴的人。而当他觉得你信任他时，在镜子效应的作用下，他对你也会逐渐产生信赖。

3.恳求谅解

在双方沟通完毕、心结打开后，我们应当在结尾时态度诚恳地请求对方的谅解。这样会让对方感觉到自己从被动化为主动，即从被动接受你的沟通要求变为主动给予你谅解和肯定。当对方觉得自己占据心理优势时，双方的和平关系才能进一步发展下去。

世间没有解不开的结，也没有化不了的怨。在社会交往中，我们难免与人有矛盾，难免遇到怀有敌意的对手。面对摩擦和敌意，我们的主动示好、我们的拳拳诚意，以及种种周旋手腕，都能让我们打破彼此心中的坚冰，让彼此相对时不再沉默、不再敌视。化敌为友并非易事，但也绝非不可能。如何化解，关键在于我们的社交智慧和手段。

谨防嫉妒，化解对方心灵迷雾

德国著名作家歌德在他的伟大著作《浮士德》中，写下这样一句精彩的名言："嫉妒是来自地狱的一块嘶嘶作响的灼煤。"这句话可谓言简意赅，一针见血地指出了嫉妒的危害。这块灼煤，不仅日夜灼烧着嫉妒者的心，也会在经意或不经意间或轻或重地烧伤他人。

在日常生活中，我们或多或少地都受过嫉妒这种心态的影响，或许是我们难以面对他人的优秀而产生了不快，或许是别人因为我们的成绩而对我们横眉冷对，故意刁难……嫉妒，可以说是一种人人都知道它的危害，却人人都很难避免的破坏性情绪。因为嫉妒，周瑜屡屡与诸葛亮为敌，最终被气得吐血而亡；因为嫉妒，廉颇为难蔺相如，差点导致赵国将相失和；因为嫉妒，吕后更是将戚夫人做成"人彘"，让人看到了人性中最为丑陋、可怕的一面。

西汉开国皇帝刘邦一生风流多情，他的正室吕后，却一直得不到刘邦的宠爱。西汉元年，刘邦在东征时得到了一个美人，即后来的戚夫人，伴随左右。不久，戚夫人就为刘邦生了一个儿子，这个儿子算得上刘邦的老来子，又是宠爱的女人所生，因此刘邦对其十分疼爱，取名刘如意。而对于吕后为他生的儿子刘盈，虽然立为太子，但刘邦一直不甚喜爱。刘邦常说，刘盈太过仁弱，不像自己，所有皇子中，只有如意最像他。

不仅如此，刘邦还经常当着戚夫人母子的面，透露出想要易储的念头。刘邦的这个想法，很快传遍后宫与前朝，群臣以储君为一国之本的理由，纷纷上疏劝谏。吕后也听取张良的计策，请来当时的著名隐士商山四皓，这才打消了刘邦更换太子的念头。

吕后本就因为戚夫人宠冠后宫对她嫉恨不已，而这场废立太子的风波，更是让吕后惊魂难定，愈发恨透了戚夫人母子。几年后，刘邦驾崩。吕后迅速控制后宫，秘不发丧。待一切筹谋已定，才宣布老皇驾崩，新皇即位。就这样，吕后的儿子登上皇位，即汉惠帝。吕后被尊为皇太后，手握大权。她掌握权力后，干的第一件大事就是将戚夫人囚禁在深巷中。她让人剪去戚夫人的头发，给她戴上手镣脚铐，穿上囚衣，每天在荒院中干重活。

戚夫人哪里受得了这般苦楚，她一边干活一边悲戚地唱着歌，歌词里充溢着悲凉和对儿子来救出自己的渴盼。吕后听闻，立即将刘如意从他的封地接来京城。惠帝知道吕后的用意，便想方设法地保护刘如意，一时间吕后难以下手。几个月后，吕后终于找到空当，派人前去逼迫刘如意喝下了毒药。随后，她又派人砍断戚夫人的手脚，挖去她的眼睛，用药熏聋她的耳朵，灌下哑药，然后扔在厕所里，将她称为“人彘”。戚夫人受尽折磨，在巨大的痛苦中死去。吕后还叫来惠帝“观赏”她的“杰作”，结果惠帝因母亲的残忍大受打击，一蹶不振，从此醉心于声色犬马，几年后便患病而亡。

吕后的行径，让看过这段历史的人都不禁冷汗涔涔。一个人因为数年的嫉妒和怨恨，竟能做出如此令人闻之大骇的举动。嫉妒扭曲了吕后的心灵，让她丧失了身为女子的温柔、慈爱甚至是母性。嫉妒也夺去了戚夫人母子的性命，他们从一开始就不懂得化解积怨，而是不停地刺激吕后那敏感的神经，最终付出了生命的代价。

嫉妒与羡慕、佩服不同，对于人们来说，它绝对是一种百害而无一利的负面情绪。莎士比亚曾经说过："您要留心嫉妒啊，那是一个绿眼的恶魔！"当嫉妒诞生之时，它便开始咬噬着嫉妒者的内心，也时刻威胁着被嫉妒者的安全。不能及时消除嫉妒，它便随时可能摧毁一切，让双方两败俱伤。

控制自己的内心，让自己不被嫉妒腐蚀，是我们每个人都应为之努力的方向。然而面对他人向我们投射来的不友好的目光，我们又该如何为人处世，才能化解乃至预防对方的嫉妒心理呢？

1.经常沟通，互相理解

我们常说，良好的沟通是打造和谐人际关系的基础。当彼此的心中产生罅隙，或是有了误会，缄默并不能帮助我们解决问题。当感受到别人对我们有了不满、排斥等情绪，而这种情绪明显起源于我们强于对方的成绩时，我们就该明白：我们遭遇到了嫉妒。这时，主动沟通、设法袒露适当程度的心迹是有效避免对方嫉妒情绪进一步发展的妙招。在彼此袒露心声的过程中，我们可以看似无意地"抱怨"一下自己的辛苦，感叹一下成功路上的种种苦难，让对方明白你的成绩是汗水换来的，这样，对方多半能够豁然开朗。而对于对方的嫉妒情绪，我们也应抱着理解的态度，以一颗宽广的心来面对。

2.适当示弱

适时适当的示弱，能在一定程度上缓解对方因嫉妒心理而产生的敌意，也可让你在取得成绩或强于他人之时显得真实。嫉妒心理往往会让人产生错觉，即便你时时谨记要平易近人，但在嫉妒者眼里你已是高高在上，目中无人。而示弱的举动，会让对方因为自觉看到了你的弱点，而认为你也只是一个平凡、真实的人，一个并非有心、有力将他永远踩在脚下的人，从而拉近彼此的心灵距离，让沟通变得顺畅、容易。

3.以德报怨，以情感人

想要化解他人的嫉妒，我们自己首先要保持一颗平和的心，坚持以德报怨的胸襟。当你微笑着面对大家时，大家也无法对你怒目而视。久而久之，当彼此的笑脸相对形成一种习惯，这种和谐友好的氛围便会在无形中化解嫉妒者的不良情绪。“以眼还眼、以牙还牙”的打击报复手段也许可以收到一时的成效，但只有真挚的情感、真心的付出，才是化解仇怨的无往不胜之“利器”。

嫉妒者之可怕，在于其被蒙蔽了双眼，被扭曲了心灵。深陷嫉妒中的人，往往带有巨大的破坏力和威胁性。被嫉妒者处于被动状态，常常是防不胜防，很容易在不知不觉中深受其害。因此，面对他人的嫉妒之心，我们一定要及早发觉，迅速化解，让对方心灵得到解脱，也让我们不再身处险境，使双方共享双赢局面。

第09章

跟陌生人打交道，掌握诀窍一见如故

每个人都少不了和形形色色的人打交道，社会是一个大家庭，自然离不开与陌生人的沟通和交往。交际中大部分的沟通来自与陌生人彼此交往、相识、沟通等，应掌握与陌生人打交道的诀窍，资源互换，成就彼此。

真诚相待，消除疏离感

除了与父母和亲人之间是天定的缘分之外，生活中的绝大多数人对于我们而言都是陌生人。哪怕是与关系亲密的爱人之间，不管是长大之后的一见钟情，还是从小穿着开裆裤长大的两小无猜，都是从陌生人建立起关系的。

面对原本从不相识的人，我们很难一下子与对方变得熟稔起来。实际上，对于陌生人要想开展友情，我们与陌生人之间必须至少有一方先伸出橄榄枝。当然，如果我们迫切想要与对方交流，那么我们就应该变得更加积极主动，把我们的手伸向陌生人，与他们真诚地相握，从而也得到陌生人的倾心相待。命运就是如此神奇，没有人知道自己最终会与谁成为亲密无间的爱人，也没有人知道自己最终会与谁成为知心好友甚至莫逆之交。在各种不同的场合，我们要想拓展人际关系，赢得他人好感，就要积极主动地与陌生人交谈，从而获得更多的朋友。当然，在此过程中我们的人际关系也会得到不断拓展，我们的社交圈子也会壮大，我们甚至还会成为处处受欢迎的社交达人。

记住，朋友都是从陌生人开始的。不管什么时候，我们都要真诚地对待陌生人，才能让陌生人感受到我们的热情，也才能真正与陌生人成为朋友。其实我们害怕的并不是陌生人，而是害怕无法预测的交往。当我们对陌生人主动伸出友善的双手，相信我们的一生都将拥有他们的友情作为陪伴。

学会营造“一见如故”的气氛

“一见如故”简直是每个人和陌生人交往时的最高理想。的确，很多人之所以害怕和陌生人交往，就是因为他们不知道如何面对陌生人，也不知道如何和陌生人交流。但是如果和陌生人一见如故，这样尴尬和难堪也就不复存在了。毕竟两个人初次见面就能侃侃而谈，总是让人轻松和放松的。试想，假如一个人有特殊的能力，不管面对哪个陌生人都能与对方一见如故，侃侃而谈，那么与陌生人交往的障碍也就不复存在，同时他也会拥有更多的朋友，甚至朋友遍天下。

如何才能与初次见面的陌生人一见如故呢？当然，这是需要技巧的。毕竟陌生人之间会存在很大的隔阂感，要想消除这种隔阂感并非易事。首先，我们可以找到与陌生人之间的共同点，从而成功拉近自己与陌生人之间的关系。诸如在很多城市都流传一句话，“老乡见老乡，两眼泪汪汪”，那么当我们与陌生人见面时，完全可以以老乡关系与对方套近乎。

其次，我们还可以借助于感谢陌生人，从而与陌生人套近乎。前文说过，我们要主动帮助陌生人，那么当我们从帮助他人的人，变成被陌生人帮助的人，我们当然也就更有理由与对方交谈。我们必须感谢对方，而且我们的感谢要真诚及时。虽然说每个人做好事都不图回报，但是当对方得到我们真诚热情的感谢时，也一定会心花怒放。感谢对方，不但显得我们知书达理，无形中也帮助我们加深与对方的友情和交情。

最后，搭讪的方式是多种多样的。我们可以从对方的长相说起。尤其是当对方长得很像我们的某个亲人或者朋友时，对方心理难免会觉得与我们亲近起来。当然，我们还可以借机赞扬对方，人们都说赞美是人际关系的润滑剂，只要我们的赞美恰到好处，我们当然能够赢得对方的心。

在和陌生人初次交流时，我们一定要学会营造“一见如故”的气氛，这不仅会使我们拉近与他人的关系，还会使我们与他人的交流更加和谐顺畅。如果一切顺利，说不定对方还会向我们主动打开心扉，与我们相谈甚欢呢！

表现友善，传递积极态度

人的本能就是趋利避害，每个人都喜欢好听的话、赞美的话，而不喜欢被他人批评和否定。同样的道理，人也喜欢与对自己有好感的人相处，而不喜欢面对排斥和拒绝自己的人。因而在面对陌生人时，假如我们能够控制好自己的心态，真正发自内心地友好对待陌生人，那么他人也一定会感受到我们的真诚和善意，从而与我们更好地相处和交往。

当然，如果说对于熟悉的朋友之间能够彼此了解，心有灵犀，也有默契，那么对于初次见面的陌生人而言，要想让他人感受到我们的好意，我们就必须会表达。当然，因为是初次见面，彼此缺乏了解，过于逢迎对方或者带着讨好的意味赞美对方，都是不可取的。否则一旦给人留下虚伪和急功近利的印象，再想改变就很难了。那么，我们必须恰到好处表现出对对方的好感，才能让对方对我们留下好印象，也才能理所当然与对方拉近关系，也能顺畅沟通。

表现对对方的好感，最直接的办法就是表现出对对方的友善，面带笑容，眼里含笑意，这是表现好感最直截了当的方式。我们的面部表情、肢体语言，以及眼神等，都能表现出对他人的厌恶和喜好。

在寒暄或者搭讪之后，我们与对方有了语言交流，表现好感就显得更加容易。注意，此刻我们与对方还没有深入了解，因而我们最好赞美对方显而易见的优点，这样才能避免涉嫌故意讨好。诸如赞美对方的时装样式新颖，或者赞美对方思维敏捷。要知道，赞美是人际交往最好的润滑剂，没有人会拒绝一个面带微笑赞美自己的人。

表现对对方的好感，还可以表现出想要了解他人的欲望。毋庸置疑，对于一个讨厌，或者我们不愿意继续交往的人，我们很难表现出对对方浓厚的兴趣，而只想马上结束交谈，再也不愿意见到对方。相反，对于一个我们愿意深入了解和继续交往的人，我们则总是想要更深入地知道关于对方更多的事情，也愿意拥有更多的机会与对方见面。在这种情况下，我们的浓厚兴趣，就会让对方意识到我们对他们的好感，也让他们知道我们是愿意深入交往的。这样一来，对方出于投桃报李的心理，也会对我们更友善。

在这次聚会上，林倩一直和一位陌生的男士聊得很开心。原来，这次聚会的人很多，而林倩又是个不爱热闹喜欢安静的人。因而和熟悉的人打过招呼后，她就在角落里的沙发中坐下，安静地捧着一本书，一杯红酒。看到大多数女孩都在尽情展示自己，但是林倩却如此安静，这位男士不由得对林倩感到好奇。他走到林倩面前，问是否可以同坐沙发，林倩微笑着点点头，暗暗想道：这位男士看起来很绅士，也许我会有一个不一样的聚会夜晚。

果然，男士抱着试试看的态度和林倩搭讪：“最近，《摆渡人》

这本书炙手可热，您也在看啊！”林倩当即笑着回应：“是啊。我已经看第二遍了，您也看过这本书吗？”男士听到林倩居然在回问，不由得高兴起来，暗暗想道：看来，我还不是那么招人讨厌的，这位美丽的女士很想和我就这本书展开一番交谈呢！想到这里，男士说：“嗯，我也在看，不过因为工作太忙了，还没有看完。您觉得故事里的男女主人公怎么样？您都看到第二遍了，一定有权威发言。”林倩有些害羞，说：“我是因为第一遍没看好，才看第二遍的。不过，故事的确很打动人心。虽然讲述的是虚拟的故事，但是却透析了生活的本质，让人真的读来感慨万千呢！现实生活中，我们不知道谁是谁的摆渡人，也不知道自己是否在摆渡他人。”

就这样，对于林倩而言一个原本寂寞的夜晚，在与男士一见如故、相谈甚欢的交流中度过了。这都是因为林倩首先以微笑、积极回应向着男士伸出了橄榄枝，所以才有后来的相谈甚欢。

表达好感的方式有很多，诸如微笑、积极回应、主动询问对方一些事情，这都会让对方感受到我们发自内心的好感，也会推动我们与他人之间的关系更加良性发展。尤其是在面对陌生人时，我们更要主动抛出橄榄枝，才能得到他人积极的回应，与他人的交往也会渐入佳境。

总而言之，要想博得对方的认可和接受，让对方也对我们产生好感，我们首先就要表现出对对方的好感，从而成功向对方伸出橄榄枝。不管是理解还是尊重，都是相互的，好感也是如此。我们唯有表现出对他人的好感，向他人传递我们乐于交往的积极态度，我们才能得到对方的积极回应，从而与对方一起努力，经营好人际关系。

学会主动帮助陌生人，赢得好感

现实生活中，我们每天都要面对很多陌生人。毫无疑问，每个人都会主动关心自己的亲人、朋友，也很愿意与自己身边的人交流，但是人们却很惧怕与陌生人交流，更不愿意主动帮助陌生人。一则是因为现代社会生活压力大，每个人都为了生活疲于奔波，二则也是因为现代社会人情冷漠，人们都坚持“多一事不如少一事”的原则。实际上，主动帮助陌生人并非是多事，有的时候我们无意间帮助了陌生人，有可能就为自己结识了贵人，说不定我们还会在贵人的提拔下飞黄腾达呢！

从另一个角度而言，熟悉的人自然非常了解我们，也知道我们的脾气秉性，因而哪怕我们有什么地方做得不到位，他们也能对我们宽容和理解。但是陌生人则与我们从未有过接触，更不知道我们是怎样的人，换言之他们对我们的印象还在建立之中，所以我们必须学会主动帮助陌生人，才能以温暖和真诚打开陌生人的心扉，也能给陌生人留下好印象，得到陌生人的好感。

大学毕业后，小雅因为席卷全球的经济危机，一时之间并没有找到合适的工作。为此，小雅来到百货大楼里当售货员。很多同事都觉得小雅作为大学毕业生，从事销售的工作很可惜，小雅对此却不以为然。她对大家说：“行行出状元，我凭着双手养活自己，我很有尊严。反倒是那些毕业后对工作挑三拣四，依然让父母养着的人，更应该反思自己。”小雅的话，使大家都很钦佩她。而小雅的到来也为百货大楼注入了新鲜血液，带来了全新的风气。

有一天，正值周末，天上突然下起大雨，使得原本该人流不息的百货大楼变得门可罗雀，一场冷清。眼看着无事可做，小雅和几个同事开始聊天。这时，突然有个白发苍苍的老太太浑身湿漉漉地走进来。大家当然知道这位老太太是来避雨的，因而全都对老太太不理不睬。只有小雅赶紧拿出自己的凳子给老太太坐下休息，还去百货商品的区域为老太太借来了电吹风，并且亲手帮助老太太把湿漉漉的头发吹干。小雅还拿出自己日常用的毛巾给老太太，说："阿姨，身上湿了吹空调容易冷，我把您这边的空调关了，你赶紧用毛巾把衣服拧干。"老太太对小雅非常感激，小雅却笑了笑不再言语。

雨过天晴之后，老太太再次感谢了小雅就走了。然而，次日商场经理突然找到小雅，还说要破格提拔小雅当售后主管。小雅有些丈二和尚摸不着头脑，直到看到昨天的老太太走入经理的办公室，她才知道那个老太太是经理的妈妈。从此之后，小雅在百货大楼里身居要职，深得经理的器重，而且还与老太太成为了莫逆之交。后来经理因病提前退休，更是鼎力推荐小雅成为他的接班人。

如果小雅也和其他同事一样对老太太视若无睹，那么她就不会结识自己生命中的贵人，更无法在金融危机人人都很难找到合适工作的情况下，在职场上平步青云。可以说，正是因为小雅对于陌生人的好意和热情，才使得她成功打动老太太的心，也成功赢得了经理的认可和赏识。

现实生活和工作中，我们几乎每天都会遇到陌生人。我们与其对陌生人爱搭不理，不如更好地帮助陌生人，从而也为自己打开人生的局面。当然，这并非要求我们功利性地对待陌生人，而是让我们要更好地为陌生人着想，从而也更好地为我们自己赢得未来。所谓赠人玫瑰，手有余香，哪怕我们在帮助陌生人之后无法得到回报，我们至少也得到了内心的满足和安宁。

有效技巧，助你与陌生人轻松交往

人际交往中，第一印象往往影响着交往的进展和结果，因而在初次与他人打交道时，我们就要多多注意掌握交往的技巧，从而事半功倍给他人留下好印象。的确，现代社会交往被提升到前所未有的高度，人际关系也成为每个人的头等大事，这主要是因为人脉资源的重要作用。有人脉的人，不管做什么事情都很顺利，如鱼得水，而没有人脉资源的人，哪怕自身能力很强，在这个处处需要合作的时代，也是寸步难行的。由此可见，人际关系多么至关重要，因而现代社会中很多人都想改善自己的人际关系，从而帮助自己赢得更好的发展。

交往的基本原则就是真诚和尊重。通常情况下，人际交往也是有技巧的。语言绝不是平铺直叙。很多人把说话看成是非常简单的事情，似乎只要能够发出声音，就是在说话。实际上，人类的语言之所以和其他生物的不同，就是因为人类的语言具有深刻的含义，而且每个人在说话的时候都是有目的地表达，语言也有一定的组织性。假如任何发出的声音都能称之为语言，那么一切都会变得乱糟糟的。真正的语言是经过思维组织的，从而能够在人与人之间传情达意，表达各种思想和观点的。要想让语言交流起到良好的效果，我们就不能随心所欲，想说什么就说什么。一则语言是把双刃剑，既能使人之间的关系更加亲密，也会无形中伤害他人的心，导致人际关系恶劣。二则语言的表达都有预期的目的，我们也需要组织语言，从而让语言表达起到预期的效果，更成功地传情达意。

要想给人留下良好的第一印象，尤其是在和陌生人交往时，必须注意以下三点。首先，正如上一篇中所说的，要学会用眼神和对方交流，让眼睛真正肩负起心灵窗口的作用。尤其是在与他人一对一交谈时，更要合理运用眼神，从而让对方感受到我们的真诚和善意，帮助对方建立起与我们更加良好的关系。其次，要想增强交流的效果，可以适当使用肢体语言传情达意，表达情绪，也能更好地表达自己的意见和主张。最后，说话不要平铺直叙，而要抑扬顿挫、有高潮、有低谷，这样才能更好地吸引他人的注意力，也使得说话更有效率。

这次谈判由林楠负责。她作为公司的首席谈判代表，因为得到领导的器重，才肩负起如此重要的责任。然而，林楠这次面对的谈判对手也很强势，所以林楠对于这次谈判丝毫不敢懈怠。

在谈判桌上，原本很多谈判细节已经协商取得一致，但是对于最关键的利润分配问题，林楠和对方都寸步不让，谁都想为公司争取更多的利益，因为所谓谈判其实不仅仅在于达成签约，也在于是否能够让公司在合理限度内得到最多利益。当然，这也是公司衡量谈判负责人是否给力的重要因素，所以林楠与对方僵持不下，谁也不愿意轻易让步。

眼看着谈判快到结束的时间了，林楠决定使出杀手锏，给对方施加压力。林楠的杀手锏不是用语言迫使对方就范，因为一旦言语不和，就会导致谈判无法进行。只见她接了个电话回来之后，并没有坐到原本与对方相对的位置上，而是坐在长长的会议桌一头，与对方相距很远的一个位置上。林楠的这个举动换做谈判的新手也许看不懂，但是对方却马上表现出焦虑的神态。的确，谈判进行到这一步，谁也不想半途而废。为此对方马上主动做出让步，林楠也见好就收，同样以小小让步作为回馈。就这样，这盘已经僵了的棋，又活了起来。很快谈判就在愉快的氛围中结束了。

在这个事例中，林楠之所以能够成功给对方施加压力，就是因为她很擅长使用肢体语言，也深谙人际交往的心理学。她坐到与对方更远距离的位置上，从心理学角度给对方施加压力。这恰恰是在以无声的语言告诉对方：“我不愿意与你继续交谈下去了，我想要结束谈判。”这样一来，对方怎能不着急呢！

当然，这是以空间距离给对方施加压力的肢体语言。肢体语言除了能够帮助我们在谈判中取得成功以外，也能帮助我们与他人拉近距离，从而成功打动他人的心。只要我们记住与人交往的三个诀窍，就会让我们与他人的交往事半功倍，取得良好的效果。

告别礼仪，留下完整的好印象

和陌生人见面，很多人都特别重视见面之初的情形，甚至想方设法给对方留下良好而又深刻的印象。但是我们还需要注意的是，写文章都不能虎头蛇尾，更何况是做人呢。所以和陌生人见面之后，我们更需要做的就是与对方彬彬有礼地告别，这样才能表现出我们的礼貌，也展示我们的气质与风度。要想给他人留下良好的印象，除了见面要顺利之外，告别更要非常有礼貌，才能有头有尾，给他人留下一致的好印象。

人际交往是很注重细节的。举例而言，你与客户第一次见面，虽然你接待客户很热情，但是在客户离开的时候，你只把客户送到办公室门口，就丢下客户一个人站在走廊里等电梯，这样合适吗？这样一来，只怕你前面所有的热情和周到都会大打折扣，客户甚至会因为你这样不礼貌的待客行为，对你印象恶劣。有的人虽然会把客户送到电梯口，但是却不等电梯关门就马上离开，这无疑也是虎头蛇尾的行为。中国有句古话，叫做送佛送到西。意思是说不管做什么事情，都要做到极致，这样才能圆满周全。所以朋友们，不要只顾着热情周到地迎接他人，还要看重彬彬有礼地与客人告别，这样才能让客人真正对你留下好印象。

虽然送别客人在整个社交流程中的确是一件小事情，但是却是不容忽视的细节问题。如果是在街头送别客人，那么一定要等到客人离开视线，才能转身离开，这和很多人给客户打电话的时候，都要细心等着客户挂断电话才挂线，是一样的道理。人生处处都是细节，唯有把细节问题做好了，我们才算是礼貌周全。

小霞要生孩子了，婆婆带着大儿子家里留守的孙子，一起来看望小霞。小霞的父母也在小霞家里，是专门为了日后小霞坐月子来的。因为娘家父母来得较早，所以婆婆来了之后，小霞的妈妈很周到地照顾婆婆和婆婆带来的小孙子。然而，有一天婆婆不知道因为什么事情和自己的亲儿子吵架了，眼看着小霞还得几天才到预产期呢，她就嚷嚷着要回去了。对此，小霞觉得很生气。更让小霞觉得难以接受的是，婆婆走的那天和自己的妈妈连声招呼都没打，就气鼓鼓地走了。似乎她不是和自己的亲儿子吵架，而是和亲家母吵架了一样。对于婆婆这样没礼貌的行为，小霞觉得很对不起妈妈，毕竟妈妈帮着忙前忙后，还替自己这个大肚婆照顾婆婆呢！妈妈劝说小霞："闺女，不生气啊，咱们不和她计较。她是农村老太太，没礼貌。我呀，就稀罕我女婿，这么懂事孝顺，比亲儿子还好，我也不和她计较。"

在妈妈的开导下，小霞才算消了气。但是，小霞以后对于婆婆做人做事就有了看法，虽然不报太多期望，但是也对婆婆有了隔阂之心。

婆婆虽然来的是自己儿子家里，但是既然需要亲家母照顾儿媳妇坐月子，自己还因为大儿子家的孩子腾不出手来，而且在到了儿子家后又得到了亲家母的周到照顾，那么在离开的时候，不管因为什么原因，也是要说些客套话，正经和亲家母告别的。此外，亲家母帮忙照顾儿子、儿媳妇和孙子，也要说些感谢的话。毫无疑问，小霞的婆婆不太会做事情，告别很不礼貌，从而也使她与儿媳妇和亲家母的关系变得尴尬起来。

写文章要有头有尾，做人同样要有头有尾。生活中，我们要对亲戚朋友讲究礼貌，注意告别的礼仪，在工作中我们要与陌生的客户等人打交道，更要有礼貌，才能把礼仪做得周到和恰到好处。

第10章

有求于人先得心，赢得人心事事顺

日常交际中，一个人力量有限，免不了会有求人办事的时候。当我们因为有事需要向他人请求帮忙的时候，应想办法赢得对方的好感，正所谓“有求于人先得心”，一旦赢得人心将会事事顺。

拒绝的话，也需要坦诚而言

在向他人求助时，我们一定不可能每次都如愿以偿。即便我们运用心理学知识，把自己的请求说得委婉动听，合情入理，但是他人也有自己的实际问题难以解决，因而只能拒绝我们的求助。反过来，当我们被他人求助时，虽然我们一心想要帮助对方，却因为能力不足或者实际情况不允许而不得不拒绝对方时又该怎么做呢？有些人在拒绝他人的求助时，喜欢采取掩延法，或者编造一些听起来合情合理的理由作借口。然而，他们不知道的是，坦诚相见永远是人际交往的首要原则，如果你遮遮掩掩最终非但没有帮忙，反而耽误了他人办事的最佳时机，则你一定会更招怨恨。

乔乔和静静在大学时期就是好朋友。她们虽然不住一个宿舍，但是两个人的宿舍离得很近，只有一墙之隔。因而，每天去教室或者是回宿舍，她们总是形影不离。一日三餐，也基本都是一起吃的。周末就更不用说了，她们总是一起逛街，一起去图书馆，一起做任何事情。同学们都说她们好得像一个人，用今天的话来说，就是“骨灰级”闺蜜。

大学毕业后，乔乔回到家乡当了一名小学老师，静静则留在大城市打拼。刚开始，她们还交往甚密，基本每个星期都通电话，说些开心的或者伤心的事情。后来，乔乔和静静都到了谈恋爱的年纪，彼此都有了男朋友，因而电话越来越少了。但是，这并不影响她们心里依然把对方当成是自己最好的朋友和闺蜜。前段时间，乔乔和男朋友张罗着结婚，买房的事情也提上了日程。由于两家经济情况都不是很好，因而凑了很久还是差十万元房款。为此，乔乔打电话给静静，在此之前静静总是告诉乔乔她每个月挣一万多工资。乔乔想：静静居然一个月挣我半年多的工资，一定攒了很多钱，十万块钱总还是拿得出来的吧。不想，静静接到乔乔的电话支支吾吾地说："嗯，我的确工资很高。不过，我的钱都在股票里，大概要一个星期才能拿出来，你能等吗？"乔乔着急地说："要是你确定一个星期能拿出来，我就等，实在是没其他地方可以借了。但是，这边售楼处也催得很急。一个星期应该就是极限了。"挂断电话，静静心里七上八下。其实，她每个月的工资才三四千块钱，和乔乔说月薪一万多，纯粹是为了爱面子。在大城市，三四千块钱仅够她养活自己的，根本没有剩余。

一个星期后，乔乔给静静打电话，静静却依然支支吾吾，说："我也想买房，要不你再想想其他办法吧。"听到静静的话，乔乔生气地说："你怎么这样啊。你没钱借我应该早点说，你这样推脱我，又耽误了我一个星期的时间。我以为你这边没问题，把定金都交了呢！"说完，乔乔就气急败坏地挂断电话，四处筹钱去了。静静越想越觉得内疚，最终给乔乔发信息表示歉意："很抱歉，乔乔。一直以来，我都骗了你。我其实每个月只有三四千的薪水，只够交房租和吃饭的。我都是因为爱慕虚荣，才骗你说月薪一万的。但是，我是真心想帮你的，我这一周一直在借钱。你也知道，大城市人与人之间关系很冷漠，我工作时间又不长，因此根本没人愿意借钱给我。对不起，乔乔。"看到静静的信息，乔乔才原谅了她。

在这个事例中，如果静静一开始就拒绝乔乔，不管以什么理由，也许都不会让乔乔这么生气。就是因为静静故意拖延了一个星期，导致乔乔筹钱的时间被耽误，所以乔乔才这么生气。然而，静静拒绝乔乔时还是不够坦诚，依然为了面子突然说自己也要买房。后来，看到乔乔气急败坏，静静很担心自己会失去这个好朋友，所以才发短信说了难堪的事实。任何时候，我们在无法帮助他人时都不能随口敷衍，否则就会给对方以希望，导致对方无法准确判断情况，更无法及时应对。大多数向我们求助的人，一定都是非常信任我们的人，因而我们必须坦诚相见地拒绝他人，让他们掌握最新最真实的情况，从而早作打算。

人与人之间相处，一定要真诚坦率。很多误解之所以产生并且不被原谅，恰恰是因为没有坦诚相见。从现在开始，就让我们以一颗真诚的心示人，也给自己一个交代。

“得寸进尺”效应，不如先请对方帮个小忙

在心理学范畴内，登门槛效应是一种非常常见的现象，有时也被称为得寸进尺效应。具体地说，即人们虽然会直接拒绝那些看似不可能实现的、难度较大的要求，但是如果我们刚开始时只是提出一个不值一提的小要求，待到对方接受后，再循序渐进地提出更高的要求，如此一来，对方就更容易接受我们的要求。形象地说，这种现象和一级一级拾阶而上很像，只有循序渐进，才能攀登到高峰。

在1966年时，美国的心理学家进行过一个著名的实验，登门槛效应也是实验之后才提出的。他们派人登门拜访一些家庭主妇，请求她们在自家窗户上挂一个牌子。当然，对于这无关紧要的事情，这些家庭主妇

全都同意了。经过一段时间之后，他们再次派人登门拜访这些家庭主妇，请求在她们的院子里挂一块很大，且不那么赏心悦目的牌子。出乎他们的预料，有至少一半的家庭主妇也同意了。此后，他们又派人登门拜访另一些家庭主妇，直接向她们提出请求，要在她们的院子里挂一块很大，而且不太美观的牌子，结果，这些家庭主妇中大多数人都直接表示拒绝，只有不到20%的家庭主妇勉强同意。随后美国的心理学家还进行了类似的实验，最终证实了人们在面对很难完成的要求时，往往会直接拒绝。而在先接受无关紧要的小要求的受试者中，接受难以完成的要求的人会占更高的比例。

生活中，我们在向他人求助时，如果任务艰巨，不能一蹴而就，不如也借鉴登门槛效应，把艰巨的任务划分为一个个小的阶段性任务，从而让他人先接受帮我们一个小忙，然后再接受帮我们一个小忙，最后循序渐进，让对方同意帮我们一个大忙。由此一来，我们的愿望就更容易实现了。巧用登门槛效应，我们才能如愿以偿得到对方的慷慨帮助。

为他人着想，更容易打动其心

所谓将心比心，就是用我们自己的心来考虑他人的心，设身处地的为他人着想，也因此更加理解和体贴他人，从而最大限度地打动他人的心，使他人接受和采纳我们的意见或者建议。如此一来，人心隔肚皮尽管依然客观存在，但是人心之间却少了很多隔阂，拥有更多的理解和尊重，也使得人际关系更加和谐融洽，相处顺利。

在说服小南就近填报大学志愿一事上，父母已经进行了很多努力，但是根本无法改变小南的想法。原来，小南的父亲50岁老来得子，如今小南虽然才20岁，但是父母却都已经年近古稀了。作为父母，当然不愿意让这唯一的独子走得太远，牵挂不说，也禁不住想念的煎熬。然而小南却不这么想，他执意地想要离开家，走得远远的，摆脱父母的庇护，去过属于自己的自由自在的生活。由此，小南和父母最近一个月来持续陷入冷战，谁也不愿意妥协。

无奈之下，父母只好找来小南的表哥来劝说小南。小南看到很久未见的表哥突然出现在眼前，没好气地说："表哥，你如果也是来劝我的，那就请打道回府吧！"表哥笑着说："我可不是来劝你的，我是来鼓励你的。年轻人嘛，就应该四处走走看看，才能开阔眼界，知道世界有多大。"小南惊讶地看着表哥，似乎不相信表哥真的是来鼓励他的，又仿佛突然想起来什么似的，问："表哥，既然外面那么好，你怎么前几年回来了呢！我记得小舅说你当时在外面工作什么的都很好呀！"表哥无奈地说："谁让我是家里的独子呢！你也知道你小舅身体不好，前几年突发脑溢血，我只得回家来守在他身边啊！其实我都后悔了，当初没出去的那些同学如今全都混得挺好，但是像我这样在外面几年的，回家之后反而没有基础，一切都要重头再来。兄弟，古人说得好"父母在，不远游"，这句话用在咱们这一代独生子女身上，还真是贴切。"听了表哥的话，小南陷入了沉思：我的父母比小舅还年长几岁，这也就是身体好，身体不好的话早就需要人在身边照顾了，难道我能安心地有多远走多远吗？最终，小南经过慎重思考，决定听从父母的建议，留在省城读大学。这样万一父母需要照顾，也能离得更近一些。

表哥没有直接劝说小南，而是以自己作为事例，让小南联想到自身的实际情况，从而帮助小南做出了正确的选择。所谓推己及人，每个人在考虑问题时难免都会由他人联想到自己，表哥正是利用了小南这样的心理，才成功说服小南的。而小南之所以没有像排斥其他说客那样排斥表哥，也正是因为表哥首先认可了他的想法，所以他才能心平气和地听表哥说完下面的话。在这样的情况下，将心比心把说服效果发挥得最好。

常言道，人心都是肉长的。这句话的意思就是告诉我们，人同此心，心同此理。任何情况下，我们都要相信己所不欲，勿施于人。我们只有将心比心，才能给他人提出最中肯和切合实际的建议，从而将他人说服。

打感情牌，让对方不忍拒绝

生活中，我们常常需要向熟悉的人寻求帮助，诸如亲人、朋友、同学和同事等。在熟悉的人之间，因为交情的深厚，总还有些感情方面的顾虑，也许对方在力所能及的情况下，不会因为一个不乐意就拒绝你。这就是中国国情下的人情往来，总要为将来的相处留下空间。但是如果是求助于陌生人，情况则完全不同，因为陌生人之间处理关系完全是公事公办，毫无私情可言。在这种情况下，要想让对方给予你更多的关照，或者哪怕是让对方在条件许可的情况下对你有所偏袒，都是很困难的。

有些人跟陌生人也能相处快乐，这是为什么呢？究其原因，是因为他们深谙求助陌生人的技巧，因而总是能够轻松地打开陌生人的心扉，得到陌生人的青睐。到底，他们有何技巧呢？原来，他们的技巧就是与陌生人打感情牌。也许有人会说，和陌生人怎么可能打感情牌呢？没错，就是感情牌。

人是富有感情的，对于每个人而言，他们在感情上都是有弱点的。一旦我们找到他们感情的弱点，或者能够像他们一样，给予他们最爱的人一些特殊的关照，那么作为回报，他们也一定会马上对你变得特别热情。如此一来，你们的心理距离就会极大地缩短，甚至在短短的时间内与其变成熟悉的人，就像朋友一样。水到渠成地，你的要求也就更容易得到满足了。

作为一名保险推销员，琳达总是能够与每一位顾客打得火热，不但得到他们的认可，而且得到他们热情的对待。琳达到底有什么秘诀呢？最近，琳达正好准备争取得到一个大老板的保险单，接下来就让我们一起去看看吧！

这一天，琳达在了解了老板的详细资料后，带着公文包前来拜访。不过，这位老板在此之前已经把很多个保险推销员都拒之门外了，因而他毫不客气地拒绝琳达也是在情理之中的事情。他说："很抱歉，我暂时并不需要保险，如果有需要，我会主动联系你的，不需要你来找我……"这时，老板的秘书艾米走进来，说："不好意思老板，我昨天晚上没有要到歌星马克的签名，人实在是太多了。这是T恤，帮我跟您家公子说抱歉。"秘书说完，怀着歉意走了。这时，琳达突然说："您家公子喜欢马克？"老板点点头，说："没办法，天天催着我要签名。他上学实在太忙，我只能满世界地听演唱会。他是个超级粉丝。"琳达

笑起来，说："真是太巧了。马克是我妹妹的同学，她们关系还比较好呢！如果您愿意，不如把T恤给我吧，我过几天就把名字签好送给您！"老板有些难以置信地说："真的吗？要是这样，那就太好了，太感谢你了。"拿了T恤，琳达就离开了，一句话也没有再说起保险的事情。

几天之后，当她拿着签好名的T恤来还给老板，而且还特意送来了几张有马克亲笔签名的最新专辑和一顶阿迪达斯的棒球帽时，老板高兴极了："谢谢，谢谢，非常感谢，我可真不知道如何感谢你才好呢！"琳达淡然地说："不用客气呢，举手之劳。"说完，她就准备告辞，老板主动说："你带保险单了吗？可否留下一份给我仔细看看，看完之后我再联系你。"果然，没过几天，老板主动联系琳达，他不但从琳达这里为全家购买了保险，而且把为职工上的商业保险，也都交给了琳达。

在这个事例中，琳达面对一个很难打交道的老板，意外地得知老板的儿子喜欢歌星马克，而恰巧她又能通过妹妹的关系得到马克的签名，因而她不但帮助老板在T恤上签名，而且还附赠了好几张签名的光碟和棒球帽，这个礼物对于老板而言简直太珍贵了。天底下所有的父母都会把孩子看得比自己更重要，这就是他们感情上的弱点，因而如果你想与某个当了父母的人打交道，只需要对他们的孩子好，会比对他们好更让他们高兴和满足。

求人办事，直接提出要求未免有些突兀，如果能够找到突破口，先与对方沟通好感情，然后再提出要求，效果一定会更好。毋庸置疑，每个人都有自己的喜好，也会有心理上的弱点，这些就是人们感情上的突破口。当我们付出真诚和耐心，去与对方进行良好的沟通和交往，那么也就一定能够得到对方积极的回应。

慷慨让利，让对方甘愿帮忙

曾经有人说，这个世界上没有永远的敌人，只有永远的利益。在现代社会，更加如此。即便是彼此对立的敌对关系，也会因为某个阶段利益的一致，从而结成同盟，一起寻求利益最大化。因而，如果我们想要得到他人的帮助，而且是基于公平基础上的帮助，则我们唯一的办法就是适当让利，从而与对方利益相关。这样的帮助，我们无需欠对方大人情，因为对方在帮你的同时，也就是帮助了自己。

在现代职场上，很多人都说人与人的关系日益冷漠。的确，和几十年前人们之间很少有利益关系，大多数都是纯粹的感情相比，现代的职场人士的确更多地和利益捆绑在一起。然而，从另一个角度来看，这恰恰是好事，因为这与每个人都息息相关的利益才能让人们彼此之间的关系更稳固，更牢靠，更长远。

人与人的相处中，付出必须是相互的。所谓有来无往非礼也。对于他人的付出，哪怕是出于帮助，或者是因为义务，我们也应该心怀感恩，这样才能在自己需要的时候，得到他人的鼎力相助。尤其是在商业场合，千万不要只盯着眼前的蝇头小利，只有慷慨大方地让利，做到让双方都满意，合作才能长久，利益也才能最大化。要想做到这一点，我们就应该培养合作共赢的心态。其实很多事情都不是非此即彼，而是可以兼顾的。当你时时刻刻把自己的利益记在心上，也不忘把对方的利益记在心上，日久天长，随着了解的加深，对方一定会把你列入首席合作伙伴。这时，你还愁没有利益可以共享吗？不管什么事情，水到渠成才是至高境界。

第11章

不忘储备人脉，时时谨记积累关系资本

常言道："一个篱笆三个桩，一个好汉三个帮。"一个人要想做成大事，必定要有做成大事的人脉网络和人脉资源。建立人际关系网，不妨从朋友开始，逐渐扩大自己的交际范围，储备人脉，积累关系资本。

广结善缘，拓展交际

如果问："你有没有朋友？"一定有很多人答不上来，即使能够回答得出来，大致也都是学生时代的同学或办公室里合得来的同事，想得出来的不过几个人而已。这些人虽然也可直接交为朋友，但是严格讲起来，朋友的关系范围应更广，基础更深才行。所谓"朋友多了路好走"，其实就是这个道理。

冯进毕业于一所重点大学，在校期间是非常优秀的学生干部，结交了许多好朋友。毕业后自己创业开办了一家公司，刚开始生意十分红火，赚了一些钱，冯进就拿自己赚的钱，帮助其他的朋友创业。

冯进看准了一个很好的机会，投资了一个项目，把公司的资金全部投入进去，可是资金回来得很慢，很快就周转不开了，如果资金跟不上，那公司就彻底垮了，可冯进又实在没钱了。这时候，冯进的同学和朋友听说了，全都倾囊相助，帮助冯进渡过了难关，最后这个项目让冯进赚到很多钱，不但可以很快还给朋友们，公司的资产也翻了几倍。

所以说，朋友多了好办事，好朋友会在你经济遇到困难时慷慨解囊、倾力相助。

一个人的好运和成功离不开朋友的帮助。"朋友"正是志同道合才能走到一起，他们之间有种天然的吸引力，或者是共同的爱好，或者是共同的志向，或者是共同的追求。正是有了朋友的互相帮助，才有了许多场合的和谐，许多人士的成功。所以说，想要生活更加幸福，那就多交一些好朋友，扩大一下你的交际圈吧！

不管怎么样，迈出第一步是至关重要的，不要总是躲在角落里，那样别人真的会将你遗忘，甚至有一天自己也会将自己遗忘了，这是多么可怕的事情啊。所以，从这一刻起敞开你的心扉吧，当阳光照进来时，你会发现拥有很多朋友是多么幸福的一件事！

那么，我们的朋友圈需要扩充哪部分人更为靠谱呢？

1.多结交一些“贵人”

“贵人”可能是指某位居高位的人，也可能是指令你心仪、急欲模仿的对象，无论在经验、专长、知识、技能等各方面都比你略胜一筹。因此，他们通常是你的上司，也可能是教练或者引荐人。我们要多结交这样的比我们优秀、卓越的朋友。

2.多与前辈、积极向上的人接触

年轻便是本钱，多与前辈、积极向上的人接触是非常重要的。这些人拥有的丰富经验是年轻人创业最好的范本。而且，这些人看到对未来充满雄心、憧憬的年轻人就好像看到当年的自己，他们通常会对这样的年经人特别有好感。所以，相信他们会很愿意向我们提供一些见解和经验的。

3.多与善良、豁达等品质较好的人做朋友

俗话说：“玩要择伴，住要择邻。”我们交朋友的时候，要选择明智豁达、胸怀博大的人，这种人一般都见多识广、博学多才，会处处给我们有益的帮助，在我们做事的时候会给我们很好的建议。注意，我们一定要远离那些斤斤计较、小肚鸡肠、总会患得患失的人。

中国人深知“山不转水转”的道理，一方面力求不得罪人，以免“不是冤家不聚头”；一方面则要求广结善缘，以便随时随地可以找到熟人，以方便办事。同时，结交各行各业的朋友，不但可以扩大视野、增长知识，而且能够随时请教，不至于有问题时请问无门。

储备人情，以备不时之需

陈小兵虽然是个小伙子，但是他不爱喝酒，因为他喝酒之后总是身体不舒服。朋友请客、同事聚会，他都很少参加。不能喝酒陪着他们，陈小兵觉得累，更何况他怕欠人情。因为同事朋友请客，他不好不回请。他曾回请过几次，可他不喝酒，大家就客随主便，酒也不尽兴，弄得没了意趣。

有一次陈小兵搬家，因为他所在的城市比较小，所以没什么搬家公司，于是他就打算自己一个人一点一点去搬。听到他搬家的消息之后，他的几个同事都主动提出去帮忙，其实大家都是比较热情的朋友，但是，陈小兵还是拒绝了他们。他们看见陈小兵像蚂蚁搬家一样，一点一点地搬东西，觉得又好气又好笑。

其实，不管是平常的工作还是生活，每个人都有需要他人帮助的时候，毕竟一个人的力量是有限的，陈小兵也不例外。可是，他宁愿自己多走弯路，宁愿付出多倍的努力，也不开口求人帮忙，他怕麻烦别人，怕欠人家的人情。举例来说，朋友去国外，可以给他稍带着他需要的特产，他不愿麻烦朋友；有邻居去学校接送孩子，他忙于手头工作，也不愿意麻烦人家捎带接送孩子；遇到不会做的工作，他宁愿钻研半天，也不好意思开口问问其他同事……陈小兵宁愿事必躬亲，也不愿欠人情，他拒人于千里之外，虽然不是他的本意，但久而久之，他的做法无意之中伤害了很多人。他给人的感觉是非常难相处，渐渐地他淡出了“俗世”。

他高兴的时候、难过的时候、有成就的时候、失意的时候都没有人一起分担，每次都是自己一个人，也没有人跟他一起分享。举目四望，同事、朋友，甚至他的亲戚，都悄然藏匿，不见踪影。陈小兵觉得非常的孤独，这种孤独让他遇到高兴事的时候也从没有什么兴致。慢慢的，陈小兵感到很累，很伤感，他突然觉得自己需要改变现状，觉得自己应该活得开心一点。

于是陈小兵就去向一个情商很高的好朋友阿南请教。阿南听完他的倾诉，告诉他这么几个字，“有些人情是用来欠的”。陈小兵感觉听不懂阿南在说什么，觉得很奇怪，于是他就深问下去，这次一定要弄个明白不可。阿南说：“别人主动帮你，你应该给对方一个机会；同事一起聚聚餐，你应该主动参与其中；遇到麻烦事，你应该适当的分担给他人一点。不然，人与人的距离该如何拉近呢？”

此刻，陈小兵恍然大悟，感觉阿南一下子说到了自己的痛处。一直以来，自己从不愿意麻烦人，总怕欠人情，殊不知无形之间已拒人于千里之外。谁还会跟一个没有人情味的人接触呢？愿意欠点大家的人情，他身上才有人情味啊！人世间本来有些人情就是用来欠的！

欠了人情，才会顺应人情世故的规则，想着去偿还人情，在一欠一还的过程中，增进了彼此之间的感情。偿还了人情，之后再欠人情，礼尚往来，两人之间的关系就会越来越密切，感情也会越来越深厚，心灵距离也会越来越近，从而巩固了自己的人脉资源关系。

生活中我们总是谈到人情的问题，很多人就像案例中的陈小兵一样，总怕欠人情，渐渐地自己就会被孤立起来。人情这个问题，不欠也不好，欠多了也是麻烦，其间的尺度大家还是需要把握好的。

1.偶尔欠点人情，容易让人亲近

对于“人情”这回事，就需要有欠有还，在礼尚往来的过程中，彼此之间的距离也拉近了。若是一直不愿意欠人情，那会给别人一种较为强势的感觉，从心理上说，他们不太愿意接受这样的朋友。因此在人际交往中，偶尔欠人情，倒是可以成为拓展人脉关系的途径。

2.对于他人的人情，要懂感恩

如果别人帮助了你，你要懂得感恩，这样才会有更多的来往和交际。如果你总是觉得他人对你的好是理所当然，那么，即便再亲的朋友也会对你寒心，你会给人留下一个没心没肺、不懂感恩的坏印象，以后你遇到麻烦，大家都会躲着你。

3.遇到麻烦，先尽力，后求助

想让我们与朋友的关系更和谐，就要凡事都靠自己的能力去完成，别太依赖别人，哪怕对方真的心甘情愿任自己驱使。遇到小困难，多努力努力我们便能解决，这也是在帮助自己成长，同时亦是在向朋友展示我们的实力和价值。如果实在解决不了，这时候我们要学会向别人求助。

4.自省，看人情是否已补上

避免人情债，还要学会自省，孔子说：“吾日三省吾身。”对朋友也是一样，一个阶段过后，你要反思一下，你做的事是否合理，该给朋友办的事做了没有，答应的诺言是否忘了，欠朋友的人情是否补上了。不自省，就会忽略了朋友，会让别人以为你不重视他。

5.要适度，不要欠人太多

欠人太多，你就会活得很累，有种受制于人的感觉，所以说你一定要记得把握住其中的“度”。人情是必须回报的，但是，如何回报，何时回报，回报的代价是多大，却从来没有什么定规。如果你欠了小情，却还了大债，岂不吃亏？如果你欠久了难以还，成了负担，岂不糟糕？

说到底人情就是一种人际关系，你来我往，慢慢形成一种交流。如果说你和其他人没有交往，没有人际关系，自然就没有人情的存在。但是我们不是生活在真空里，不可能不进行人际交流，欠下人情是自然而然的事情。

打造属于自己的人脉圈

好莱坞流行一句话：“一个人能否成功，不在于你知道什么，而在于你认识谁。”正如这句话所言，这是一个人脉大行其道的年代，谁都不可能成为孤胆英雄，不管你是商界的领军人物，还是普通的公司职员，都不能逃脱一张关系网。建立起合理的人际关系网，才能为自己走向成功打下良好的基础。年轻的时候是建立自己的人际关系最重要的阶段，这个时期建立起来的人脉网也是最具竞争力的。因此，人们应该把握好自己年轻的这段时期，尽早建立并管理好自己的人脉网。

沈星和邢宇是大学同学，大学毕业之后他们同时被上海一家公司应聘，随之两人就从同学变成了同事。论才干，沈星和邢宇可以说是不分上下，但邢宇嘴甜、活络、会来事儿，沈星却有点木讷。就是这一点差别，让两人的地位很快发生了变化。刚进单位时，上司刘总就对他们说："小沈，小邢，有些事情我要跟你们说明白，你们只能通过自己的本事来取得成绩，获得晋升，歪门邪道是绝对行不通的！"沈星和邢宇一直都挺有才能的，试用阶段的工作完成得都很不错，刘总还特意表扬了他们一次。

一段时间后，邢宇已经不是刚进公司时的那个邢宇了，他成了办公室里的大红人：公司里谁的电脑出现异常就招呼邢宇帮忙；中午吃饭时间到了，他们也招呼邢宇一起聚餐；打球的时候，他们也约着邢宇；同事家的孩子需要帮助辅导功课，邢宇也主动提出帮忙；刘总喜欢古玩，邢宇就托人从北京带来他们那里较好的工艺品送刘总……就这样，单位里每个人都夸邢宇好，刘总也觉得邢宇工作成绩好，才能出众，又不浮躁，作为年轻人，能做到这样实在很难得。一年之后，刘总就给邢宇升了职，结果不但没有人非议，大家还都夸刘总是伯乐，慧眼识珠，像邢宇这么优秀的年轻人早该提拔了，从此刘总更器重邢宇了。沈星呢？他一直默不作声，别人有什么事情他也不主动帮忙，平日里也不喜欢跟大家谈心说话，所以慢慢地他好像就淡出了人们的视野。尽管沈星的能力也很不错，但因为人脉太差，他很难得到让自己充分发挥才能的机会。

一个人的成长、发展、成才、成功都是在人际交往中完成的，甚至一个人的喜怒哀乐也都与他的人脉息息相关。没有人际交往，人们不知道会面临什么样的遭遇。没有人际交往，人们就组不成家庭、社会和国家，更谈不上个人的前途和发展。所以说，想要在社会上有所出路，你必须懂得建立自己的人脉圈。

1.组织饭局，建立感情

在饭局上的人情绪大都会非常好，更容易结成深厚的友谊。如果真正拜访10位客户需要花费许多时间，可是运用饭局拜访客户，在还没展开正式工作之前，就已经见了10位客户了。组个饭局，不但可以进一步加强与客户现有的关系，甚至能得到某些很有价值的回报。

2.多主动去交朋友

多交朋友，主动交朋友，自然就要参加一些社交活动。如：与同事一起吃饭、泡吧和唱歌，周末打打牌等。通过这些娱乐活动，加深彼此的了解、增进友情。这样不仅有益于身心健康，而且对工作也大有帮助。

3.借用他人力量认识新朋友

通过第三者来传达自己的心情和愿望，在拓展人脉中是常有的事。人们会不自觉地发挥这一技巧。比如，“我听同学老张说，你是个热心人，能够认识您非常荣幸”等。但要当心，这种话不是说说而已的，也不能太离谱，有时有必要事先做些调查研究。

4.参与你感兴趣的活动

你可以选择你自己喜欢的任何一个机构参与其中的活动，但要我们的时间与精力相吻合。例如加入一个集邮社、加入一个健身俱乐部、或者加入一个政治团体，随便哪一个团体都可以。认识里面的人，然后建立你的人脉关系。

在今天，朋友仍然具有相同的重要性——也许更重要，因为今天的生活压力太大了，我们更需要友谊的滋润。这里所说的并不是“酒肉朋友”，而是患难与共、相互扶持的朋友，这是人类关系中最佳的一种。记住，拥有真诚友谊的人，比百万富翁更富有。

自我推销，让对方看到你的优点

想拓展自己的人际关系，如果你总是抱着“是金子在哪里都会发光”的心理，那么你将会经历漫长的等待，因为并不是每个人都有着很好的机遇，所以说，你要懂得主动去推销自己，主动去展现自己，而不是一味地坐等伯乐。只有这样，你的优点、你的能力、你的价值才能为人所知，才能让伯乐从茫茫人海中发现你。巧妙地自我推销并不是把自己物化，而是一种积极的争取，是加快目标实现的推进剂。经营人际关系，一定要有自我推销的能力。

薛亚是一家化妆品代理公司的业务员。最近，某国际知名的外资化妆品公司要在某地举办一场商业宴会，公司派薛亚以公司代表的身份前去参加。薛亚知道，如果能在宴会上拿下订单，他很可能会获得升职的机会。

晚宴中，举办方的代表是一名外国女士，这无疑是众多代理商迫切要拿下的大客户。对薛亚来说，这位女士就是他的“贵人”。

宴会上有不少急脾气的代理商，宴会刚开始不久，他们就先后拿起酒杯与女代表碰杯，接着便借机与之交谈起来，话题一直围绕着自己公司的规模、企业文化、发展前景等。但薛亚一直坐在座位上等待机会。很快，机会到来了。原来，参加晚宴的人中，有相当一部分人都不懂英语，而女代表的中文水平也一般，这就难免造成双方沟通上的困难。精通英语的薛亚抓住了这个机会，他主动走上前去，为女代表当起了翻译。

到了晚宴的尾声阶段，女代表十分感谢薛亚，但又有些不解地问：

“您难道不想与我们合作吗？为什么您没有像其他人一样主动与我交谈呢？”

薛亚回答道：“我当然希望与贵公司合作，但是我想了解清楚每个公司的情况和实力才是您的任务，这很累也很不容易，我很佩服您。此外如您对我的同事所说，您希望考虑一下，我帮您翻译，这样会更有利于您对比、考察。我们公司不会乘人之危，因为其他代表不会讲英语就去趁虚而入，我们也有实力参与公平竞争。”

女代表听后不禁赞赏地点头，最后决定同薛亚进行细谈。不久后，薛亚凭借这位“贵人”的帮助，坐上了化妆品销售经理的位置。

薛亚是一个聪明人，因为他懂得如何在最佳时机展现自己，他明确了“贵人”的目标，也抓住了机会，恰到好处地表现自己，把自己推销给了对方。在赢得“贵人”的认可后，他的成功也就顺理成章了。

朋友们，自我推销不是炫耀，而是一种才华，是一门艺术。善于自我推销的人，左右逢源；不善自我推销之人，四处碰壁，难以被人接纳。那么，我们应当怎么做好有效的自我推销呢？

1.对自己有个良好的认识

我们要对外销售一个商品，如果对它的质量、性能以及与同类产品相比而特有的竞争力都不了解的话，能很好地销出这一商品吗？答案应是否定的。商品既如此，人又为何不如此呢？如果我们不知自身之长，明自身之短，要让别人接纳自己是很困难的。

2.合理地包装自己

外在包装对一个人的形象塑造非常重要，即使相貌平平，也可通过发型、服装等的包装，以气质、品位取胜。无论男女，都不能忽视形象的塑造，不拘小节用在这里绝不是褒义，要从细节上对自己精心雕琢，充分挖掘、利用自己的优势。

3.增加自己的曝光度

增加自己曝光的途径，就是增加自己被利用的价值。经营人际关系并不是要你当一只花蝴蝶“仅供观赏”，而是要找机会让大家都能认识你，建立别人对你的信赖感，知道你的才能及不可或缺性，最重要的是要让你的“贵人”一眼看中你。

4.呈现出自信满满的状态

没有人会去信任一个自己都不信任自己的人。自信给人以信心，有把握完成某项工作以及对自己对这项工作能力的认可。当然，自信切不可过分，否则会被视为自夸自大，适得其反。

毛遂自荐的故事大家都听过，大家应该明白，想要自己不被人群埋没，那就必须要懂得推荐自己，让对方看到你的闪光点。机会不会主动找你，做人要有一定的积极性，主动为自己争取，敢于秀出自己的优点。

“多看效应”，制造见面的机会

蔡亚亮进入一家公司有一段时间了，同事间还算熟悉，但是与领导见面的次数几乎为零，每次只是看到一位位大领导的背影罢了。

那天上班，蔡亚亮正好和公司大老板一起搭乘电梯。当时，蔡亚亮感到非常兴奋。和大老板打过招呼之后，蔡亚亮对大老板说：“秦总，我听说，公司刚成立时很艰辛，只有一桌一椅，还有和您一起打拼的林总，这是真的吗？”

“确实是这样的，当年的条件跟现在可是没法比的，生活非常困难，但是那个时候也是有胆识就能拼事业的年代。想当年……”没想到一句话，打开了秦总的话匣子，秦总自豪地谈了自己早年创业的经历。甚至离开电梯的时候，秦总还是意犹未尽。

“秦总，您的创业史真的是非常让人敬佩，很励志也很令人感动，希望以后有机会能够听您继续说您的故事，感觉很受教。”

“哈哈，好，小伙子，你在哪个部门？你叫什么名字？”

“秦总，我叫蔡亚亮。我在销售部。”

“那好，我知道了，去上班吧。”

“好的，秦总您快忙，有时间我去请教您。”

其实，当时秦总也只是客套地问了一下蔡亚亮的基本情况，也聊了聊几句随心的话。随后，对他的认识也就慢慢淡忘了，毕竟，老总是很忙的。但是，后来，蔡亚亮却努力地制造与秦总见面的机会，因为他觉得对自己将来的发展来说多少是个机会，他想通过用多见面的方式与领导混个脸熟，在熟悉的过程中不断展现自己的才华，这样自己才能不被埋没。

于是，蔡亚亮总是留心去注意秦总上班的时间，注意他平时的习惯和兴趣爱好，努力增加见面次数，不断让自己的形象刻在秦总的心里。

经过一次次“偶遇”，秦总和蔡亚亮的熟悉度越来越高，从一次次谈话中，秦总对蔡亚亮有了一个很深的认识，觉得他是一个可塑之才，逐渐增加了对他的欣赏度。

也正是自那以后，秦总记住了蔡亚亮这个名字。

后来，蔡亚亮发现秦总明显照顾自己，很多时候秦总出去办事的时候都带着他，因为他的口才非常出众，总是能博得秦总的喜欢。

若想增强人际吸引力，就要留心提高自己在别人面前的熟悉度，这样可以增加别人喜欢你的程度。那么，不管是职场上还是生活中，我们如何达到让别人“多看到”我们的目的呢?

1.通过朋友认识新朋友

地球上有几十亿的人口，人们之间隔着那么远的距离，中间还有大片的陆地和海洋，甚至，人们的肤色也有不同。一个人要联系到另外一个素不相识的人，看起来是大海捞针。然而世界就是这么神奇，理论上来说，如果你真的想认识某个人，其实只需要经过六个人的距离而已。

2.多去创造见面的机会

你需要详细了解对方信息，可以花些心思去了解他平时的活动范围，比如在什么时间、什么地方吃饭，周末如何度过的等。然后在特定的时间、特定的场合及时出现，这种时候只需要打个招呼或者问个好。积少成多，你们相遇的机会多了，不知不觉间就成了熟悉的“陌生人”。

3.关系需要好好维持

与熟人、友人、客户等已经建立关系的，到朋友家中多走动走动，哪怕只是露个脸、小坐一会儿，也有助于提高你的人际吸引力；多与同事拉家常，多与领导交流，往往能够帮助你赢得群众基础，受到领导的器重。

在实际的人际交往过程中，如果稍微细心观察就会发现：那些人际关系很好的人往往把“多看效应”发挥得非常完美。他们善于制造和朋友接触的机会，以此提高彼此之间的熟悉程度，让对方对自己的好感不断增强。

向老人请教，对方乐意倾囊相助

人生的经验都是长期经历和积累的成果，绝非是你多看几本书多了解一些新闻就能得到的。因而，不管是在生活中还是在工作中，那些经验丰富的老人都是我们最好的老师，也有可能成为我们人生的领航者。很多人都说“家有一老，如有一宝”，这句话特别有道理，有些年轻人仗着自己多读了几天书，就以为自己掌握的科学知识一定能够打败老人一辈子积累下来的经验，这简直太天真了。有些事情的确需要我们尊重科学，有些事情却是科学不能解释也无法解决的。人民在千百年来的生活中不断摸索出来的经验，在有些时刻也会是制胜法宝。

所谓听君一席话，胜读十年书。如果你能静下心来和老人认真地谈一谈，你会发现他们所懂得的简直超乎你的想象。遗憾的是，生活中很少有年轻人愿意潜心与老人交谈，他们不是嫌弃老人啰嗦，思维混乱，就是瞧不起老人不懂得现代的科学知识，早就落伍了。还有些年轻人虽然因为各种各样的原因迫不得已与老人交谈，也是心不甘情不愿的，不知不觉地错过了人生中的宝藏。此外，还有极少数的年轻人是愿意与老人交谈的，但是他们却因为平日里不注意观察老人的生活，也不了解老人的心理，因而根本无法真正打开老人的心扉，走进老人的心里。有人说，二十五年就是一代人。这也就意味着，很少有人能够比与自己大二十多岁的人顺利地交谈。毋庸置疑，二十五年对于人生而言是一段漫长的时间，有代沟也是正常的。但是如果年轻人们能够抱着虚心求教的态度，而不是抱着鄙夷的态度与老年人交谈，一定会有惊喜的发现。

很多老人并不会倚老卖老，不过他们依然希望得到年轻人的认可和尊重。对于不尊重自己的年轻人，他们也不愿意说得太多太深入；相反，对于认可和尊重他们的年轻人，他们总是愿意倾囊相授。实际上，每个年龄段的人都有一些共同点，如果我们能够在与老人展开交流之中认真研究他们所处年龄段的心理，然后再以足够的耐心和爱心对待他们，他们一定会与我们相谈甚欢。

最近这段时间，马力经常去区里的养老院。原来，自从上次和单位里的义工一起来到养老院慰问之后，马力就与其中的一位老人成了忘年交。

这位老人已经八十多岁了，比马力的爷爷还要大几岁。刚开始时，对于马力的关心和询问，老人根本不想搭讪。后来，马力意识到老人孤苦伶仃地在养老院里生活，子女都不在身边，心里一定很孤独，因而在从养老院档案上了解到老人是老红军之后，他才找到了打开老人心扉的钥匙。看着表情默然的老人，马力故作好奇地说："张大爷，您今年已经86岁了，那您肯定经历过抗日战争吧！"听到这句话，老人脸上马上浮现出兴奋的神色，点了点头。马力又说："听我爷爷说，抗日战争的时候他还小呢，比他大点儿的年轻人全都上战场了，端着钢枪，太威风了，他特别羡慕。"老人撇了撇嘴，说："他当时还是小屁孩呢，哪里知道端起钢枪也就意味着生命不再属于自己，有什么好羡慕的！我们当时比枪也就高不了多少，放在现在还是需要父母照顾的娇娃娃呢，当时毫不犹豫地就去战场上冲锋陷阵了！"马力继续问："您负过伤吗……"就这样，马力与老人越聊越高兴，居然变成了好朋友。现在，如果马力接连一个星期不去看老人，老人就会让院长给马力打电话。

在这个事例中，一个内心失落的孤独老人，原本是不愿意和马力闲谈的。幸好马力很聪明，根据自己对老人的了解，从老红军的革命生涯作为切入点，很快就激起了老人的谈兴，打开了老人的心扉。所谓好汉也提当年勇，大概就是如此吧。每个人都会对自己感兴趣的事，使自己自豪的事，表现出浓郁的兴趣。只要抓住这一点，你就能迅速打开他人的心扉，让他们乐意与你交谈。

大多数老年人都喜欢追忆往事，因为对于如今已经在人生中处于赋闲状态的他们而言，唯有从过去的光辉历史中，才能找回久已失去的自信和勇敢。正可谓，好汉就提当年勇。对于老人，我们一定要配合他们追忆往昔，和他们一起回到那光辉的岁月里，才能最快速地打开他们的心扉，得到他们的喜爱。由此一来，你还担心无法走到他们的心里去吗？除此之外，老年人人老心不老，很多老年人虽然已经不再工作，却依然热心关心着社会新闻和国家大事，当你投其所好地谈起这些重要的事情，他们一定会踊跃发表意见，也为与你找到了共同话题而倍感兴奋。总而言之，只要我们怀着尊重的态度对待老年人，经常向他们请教，把他们当成生活和工作的榜样，心理上得到满足的他们一定会更加认可我们，也更会为我们的成长而感到高兴！

第12章
防人之心必须有，随便说话危害大

孔子曰：“君子欲讷于言而敏于行。”老子曰：“大辩若讷。”这意在告知我们，忍而少言，谨慎慢言，说话前要三思，切勿口无遮拦、信口开河。日常交际中，防人之心必须有，随便说话危害大。

话不宜满，给自己留后路

在日常生活或工作中也不乏这样的人，脱口而出的字眼“就是！肯定！一定！”他们在因为某件小事与他人争辩时，总是自信满满、咄咄逼人，急于把自己的观点强加于人。这样哪怕最终证实他们真的是对的，对方也会觉得他们过于盛气凌人，会对他们心存不满。而如果他们的答案是错的，那就是给自己找难堪了。说话说得太满，就是给自己不留后路，朋友们，说话的时候多想想后果吧，别把话说得太满，这样自己会更有余地，一句话，何必难为自己呢？

唐玉敏是一名楼盘销售员。平日里工作非常认真，业绩也非常突出。但是她有个毛病，那就是不会说话，到处树敌。

这天，公司里来了位新同事，一个非常阳光的女孩，叫张晓晓。张晓晓很会为人处世，刚来办公室的时候，就给每个人带了礼物，主动和每个人套近乎。按照主管的话说，让她迅速地和同事打成一片，有助于开展工作。

在和同事们的交谈中，她得知唐玉敏是他们当中的销售冠军，而且业绩一直遥遥领先。于是这天下午，工作之余，她来到唐玉敏的身边，对她说：“敏姐，我听他们说你是公司里打不败的业绩女王，我刚来什么也不懂，以后你多帮帮我啊！”

唐玉敏白了她一眼，笑着说：“晓晓，别到处拍马屁，在我这儿不好使。”

被唐玉敏这么一说，张晓晓明显感觉脸上火辣辣的，但是她知道，唐玉敏是销售冠军，有点脾气也是能理解的，自己以后还要多跟她学习呢。想到这里，晓晓的情绪全然消失了，于是她又满脸堆笑地说：“我没有说错啊，敏姐确实是我们当中的销售冠军嘛！”

唐玉敏冷笑着说：“晓晓说话真逗乐，谁跟你‘我们’呢？请你注意自己的措辞。”

张晓晓再也忍不住愤怒，她说道：“敏姐，别总拿自己当个角，我这么说是看得起你。”

唐玉敏也针锋相对：“呵呵，不需要你看得起，承受不起。你这个月要是卖不出房子，一样得滚蛋。”

张晓晓赌气说：“不要这么自以为是，看不起人，我相信我一定能做好的。”张晓晓赌气说：“等着瞧吧。”

唐玉敏讥笑道：“行行行，你有本事好吧，你要是不走人，我立马走人，你还别不信。”

从那以后，张晓晓认真地向别的同事学习，很快掌握了销售要领，再加上她的不懈努力，终于在月底，成功打破了自己的“零”纪录。

唐玉敏觉得很没面子，她没有想到张晓晓真的卖出了一套房子。那么按照当初打赌的约定，她就得走人了。但是说实话，唐玉敏根本不想走，在别处她不一定能有这么高的收入。当时，她非常后悔自己说话说得太满，以至于现在把自己逼到绝境。好在这事张晓晓日后并没有提及，同事们似乎也忘得一干二净。但是，从那以后，唐玉敏似乎变了很多，再也不去指责这个、要求那个了，就连跟张晓晓说话也变得非常客气。

唐玉敏的确是一个销售精英，但是她却不是一个会说话的人，这样的人只会四处树敌。如果在和张晓晓聊天的过程中她不那么傲气，不那么自以为是，不把话说得太死、太满，那她就不会在张晓晓卖出房子的那刻感到窘迫、难堪、纠结，其实，所有的这一切都是自己造成的，还好她能吸取教训，否则她迟早会吃大亏的。

俗话说“祸从口出”，把话说满也是一种为祸的诱因。话说得太满，一般会导致两种后果：一是听者不服，故意找茬使绊子；二是自己没有回转的余地，容易搬起石头砸自己的脚。无论哪种，都不是好结果。所以说，想要表达你的意见，话说三分就足够了，说得太满并不见得是好事。

话说的太满，如果事情发展顺利，倒是可以相安无事；如果事与愿违，让别人抓住话柄，只能是自己吃不了兜着走了。想要避免这种情况，我们需要注意以下几点：

1.说话时要记得给予对方尊重

每个人都有自己的看法和想法，当遇到意见不合的时候，你最起码要做到让对方在众人面前受到足够的尊重。无论别人说话对与否，都不要当着很多人的面就开始反驳，你可以选择私下找个机会，把你的意见告诉对方。这样，你既为对方维护了自尊，又加深了两人的感情。

2.说话要记得点到为止

有时候，话说得太透，那就没什么意思可言了，其实点到为止就刚好，多说无益。有些话不方便全说出来，我们就不妨说一点，然后留一部分给对方体会，这样不仅避免多说出问题，也能很好地传达思想，大家要谨记。

3.不要随意承诺对方

很多人在面对他人请求的时候，总是说“包在我身上”“一定没问题”“绝对放心”之类的话语，其实这种话就有些过满，你想想，万一你达不成对方的目标该怎么办呢？或者说，你说这些只是大话，那如果对方当真，他的损失该如何了结呢？所以说，别说得太满，不妨用些“尽力”“试试看”等词汇替代一下。

话不说满，说满则溢，这其实是一种谦虚的人生哲学。从一个人说话的态度可以看出他的自信，真正有自信的人，懂得谦卑，不会把话说得太满。不要把话讲得太满，进可攻、退可守，这才是成功的做人之道。

与人交往不能过多表露自己

俗话说：“相交满天下，知心有几人？”人们总是渴望与别人交心，孰不知万事皆有度，太过交心也会害了自己。希腊有古语曰：“知心不是美德，而是灾祸的种子。”因此，不可以过度和别人交心，更不可以随便和别人交心。

有的人个性耿直、率真，总是随便把他人当做知己。但是你可知道，与人交往不能过多地表露自己，否则，很容易为自己惹来祸端。许多时候，你知道的太多了，并且将自己的想法表露无遗，会招致他人的妒忌、猜疑，这无异于自掘坟墓。

玮琪和林曦在同一家公司工作，是工作上的搭档，两人关系很好。玮琪结婚之后，确认自己怀孕时，最先就与林曦分享了这个喜讯。在玮琪怀孕三个月左右的时候，她们所在的公司因管理不善关闭了，两人就一起重新找工作。玮琪从报上得知一家大工厂需招两个她这个行业的人，便约了林曦同去面试。当时负责招聘的部门经理听说她们是旧同事时，还用奇怪的眼光看了她们一眼。第二天，玮琪就接到了那个经理的电话，要她去上班，她高兴地打电话告诉了林曦。

可是，等玮琪去报到时，经理却问她："你是不是已经怀孕了？"玮琪一愣，心想：经理是怎么知道的？经理接着说："你那个同来面试的女同事刚打电话来说的。如果我不知道这事也就罢了，但现在我知道了，我就只能向你说声抱歉，我不想我的人进来半年就要休产假。"玮琪这才知道原来林曦在背后搞了小动作，心里涌起一股情绪，但说不清是愤怒还是悲哀。那位经理接着说："我当时就奇怪你们俩怎么同时来应聘，要知道这是竞争啊！不过那个女孩也不太厚道，她这种人，我不会要了；你如果生完小孩后还想来，可以再找我。"临走时，经理送给玮琪一句话："姑娘，心善是好，但也要有分寸，不要随便与他人交心啊。"

同事可以一同吃喝玩乐，但不可谈任何实质问题，更不宜交心。因为说不定哪天你们的位置和关系就会发生改变，到时当初推心置腹的话很可能成为被人利用的把柄。自己对同事了解得不多，也就少烦恼；不向同事透露自己的私人生活，也就保护了自己。案例中的玮琪就是一个活生生的例子。

俗话说，祸从口出。人越密集，闲言碎语就越多，要想保护好自己，一定要管住嘴，少说话。什么话能说，什么话不能说，什么话可信，什么话不可信，都要在脑子里多绕几个弯子，心里有个小算盘，这样才能够与大家和谐相处，避免影响人际关系或危害自身利益。

随便交心是社交中的大忌，聊天的时候大家一定要谨记，不要随随便便把任何人都当亲人。

1.好话坏话要分清

聊天的时候，有些话是该说的，因为过度沉默也会影响气氛，但是，有些话确实是不能说，说多了就会为自己埋下祸根。不管对方是不是自己人，我们都不要在他面前提及某些人的是是非非，万一他将事情告诉了他的知心人，传递下去，迟早你会麻烦上身。

2.心里话要压在心底

“知人知面不知心”，不能把握他人的真实想法，还去与之交心，这是人生最大的危险，也是一种耻辱。如果不清楚与你相处的人到底是何居心，也不能控制与自己相处的人按照自己的想法行事，那么就要注意提高自己的警惕和防范意识，不要随便和别人吐露心声。

3.注意与他人的心理距离

人与人之间的误会、争执、利害冲突不是人们的疏远而造成的，恰恰相反，是因为太亲密造成的。驾驶员朋友都知道，要避免撞车，就要保持车距。同样，在人际关系中，与他人保持适当距离是避免发生冲突的最后的规避手段。

人是复杂的动物，即便你很会识人，但你也有走眼的时候，一旦你看错了人，说错了话，随便交了心，那你要面临的问题就不会那么简单了。与人交心，要分清公与私，做到公私分明；要分清感情与职责，不要因为感情而忽略了职责；要看清对象，不要什么人都引为知己，“推心置腹”，结果造成心腹之患！

尊重对方，巧妙回避他人隐私

罗曼·罗兰说："每个人的心底，都有一座埋葬记忆的小岛，永不向人打开。"马克·吐温也说过："每个人像一轮明月，他呈现光明的一面，但另有黑暗的一面从来不给别人看到。"这座埋葬记忆的小岛和月亮上黑暗的一面，就是隐私世界。隐私，即不愿告诉他人和不愿意公开的个人情况。国内外的社交活动中均尊重个人隐私权，一切问题凡涉及个人隐私，在交往中均应回避，否则就会引起对方的不悦，自己也感到尴尬。

晋文公重耳在没有继位的时候，由于宫廷变故，不得不四处逃亡。他所经过的国家，有的能以公子之礼待之，有的却因为他落难而瞧不起他。

重耳一行自卫国经过曹国，曹共公也不以礼相待，但听说重耳的肋骨生得连成一片，因此就很想看看是什么样子，便将重耳等安排在旅舍里。曹共公打听到重耳将要洗澡，找了很薄的帐幕偷偷观看。曹国大夫僖负羁的妻子对她丈夫说："我看晋公子是个贤人，他的随从都是国相的人才，辅佐晋公子一人，将来必定能回到晋国即位，等到晋国讨伐无礼的国家时，那么曹国就是他首先开刀的了。你为什么不早一点表示自己的不同态度呢？"僖负羁便馈赠了一盘食品给重耳，盘底还放着一块璧。重耳接受了食品，退回了璧。

后来，经过了19年逃亡生活，重耳终于回国继位。他励精图治，使晋国发展成了一个富强的国家。

公元前632年，晋文公找了一个借口发兵攻打曹国并很快将其打了下

来，曹共公和僖负羁都做了晋文公的俘虏。不过由于当年的一壁之缘，晋文公释放了僖负羁并善待了他。而曹共公则为自己当年的荒唐行为付出了代价，在晋国吃了不少的苦头。

最终，还是在晋国一个大臣的劝说下，重耳这才网开一面放了曹共公一马，让他回了曹国。不过因为偷窥别人洗澡这种荒唐事而国灭被俘，也让曹共公羞愧异常。他乖乖跑回了曹国，再也不敢和晋文公作对了。

传播他人的隐私会造成不良的影响，会使他人感觉颜面扫地。对方也会对你恨之入骨，你与他的友情也会戛然而止，也许在生活或工作中还会成为对头。同时，其他朋友、同事也会对你投来异样的目光，与你的距离将会越来越遥远。

朋友们请记住，任何人都有保留自己隐私的权利，夫妻之间应该自觉地不去探求对方的隐私，不去怀疑对方的隐私是不是有什么对自己不利，或有什么问题瞒着自己。越是追问对方的隐私，越是容易产生隔阂，就越会破坏双方的感情。

那么，对于隐私问题，我们有什么需要注意的地方呢？

1.不干涉，少打听

他人的隐私，我们要尽量不干涉，因为这个世界上没有一个人会喜欢干涉自己隐私的人，如果实在需要做一些与对方的隐私相关的事，也一定要见机行事，懂得见好就收，不要刻意去挖掘，这样只会让人讨厌。

2.不拿隐私开玩笑

适当地开个玩笑，能调节气氛、缩短与他人之间的距离。但是并不是什么事都能拿来开玩笑的，如他人的隐私。每个人都有不为人知的隐私，而且也不愿意被人拿出来被人当做茶余饭后的谈资。如果有人喜欢拿别人的隐私开玩笑，那他肯定是一个不受欢迎的人。

3.闲暇时多反思自己

古人云："静坐常思己过，闲谈莫论人非。"意思是，沉静下来要经常自省自己的过失，进而以是克非、为善去恶；闲谈的时候莫议论别人的是非得失。这是儒家倡导的道德修养的重要方法。一个人要想拥有良好的性情修养，就应该谨记这条古训。

4.保守秘密，避免伤害

有时，有同事把你当做真心的朋友对你倾诉衷肠，你获得了同事的隐私，切记千万不可得意，因为在无形之中你已经增加了一份担子，在暗中受到了监视，暗藏了一丝祸端。不管有意还是无心，若是同事的隐私从你口中暴露，既会使同事难堪，又会使你的信誉大打折扣。

朋友把自己的"隐私"告诉了你，即使没有叫你保密，也证明了他对你的极度信任。对此你只有为他分忧解愁的义务，而没有把这种"隐私"张扬出去的权力。如果不把"保密"作为一种义务，你就会失去周围同事对你的信赖，最终成为孤家寡人。

把握同情心的分寸

每个人的心灵，都有其柔软的地方，再强势的人，也有他人不易察觉的弱点，这就是同情心。做人要善良、要有同情心，不可否认。但如果放到某些具体的、特殊的场合中去考察，则不可简单了之，而是要把握同情心的分寸。如果好坏不分，一味善良，就会常被别人利用。

1.有所节制，把握同情的分寸

对于我们来说，同情心不是说不应该有，而是要在施与中认清对象是否值得去给。真正的善做人者大都懂得把握同情的分寸，不会不分对象不加节制地慷慨付出一切。否则，一不小心，不但会使宝贵的同情心白白浪费掉，自己也容易深受其害。

2.一定要有自己的立场和原则

我们不要总是因为怜悯对方而丧失了自己的立场，有些事情是一定不能做的，就算是对方一再地在你耳边吹风，你也不要动摇，内心坚定才能正道。比如说，有人为了谋取私利而一味地在你面前诉说他的苦衷与艰难，这时候如果你动摇了，伸手为他做点什么，那当麻烦找到你的那一天你就后悔莫及。

3.仔细观察对方的神情是否有异

注意观察对方的眼神，说真话的人眼睛不会左右乱转，而企图欺骗他人的人的眼神总是不稳定的，左顾右盼。而且他会将眼神的注意力放在别的地方，不会直视你，这其实是为了逃避由于说谎而产生的压力。只有这样，行骗者才能够让自己心理趋于平衡。

我们说不可滥施同情心，不是说不应有同情心，只是告诉大家认清现实，不要上当。善良的人不是说为了他人就不分青红皂白竭尽全力为其做事，善良的人应更懂得把握做事分寸，不让心怀不轨之人为所欲为。

把握说话的分寸，三思而后言

姚太太和严太太是邻居。姚太太是本地人，严太太是新搬来三个月左右的。两个人的认识是从她们的孩子开始的，由于两个孩子经常一起玩，于是她们两个女人也逐渐熟悉起来。说来也巧，她们二人都喜欢打麻将，由于爱好一致，两人平时没事就在一起搓麻将。渐渐地关系越来越好，可以说是无话不谈，大有相见恨晚之意。谁家有什么事，另外一家必定出来帮忙。因此，她们关系非常好。其他邻居还经常开玩笑："你们俩啊，关系好的都快赶上亲姐妹了，整天形影不离，当心你们老公不乐意。"这只是一句玩笑话，她们都为自己有一个这么好的朋友而感到高兴。但自从发生了这样一件事后，一切都变了。

那天，严太太在骑电动车去上班的路上，不小心被一辆小汽车给撞了，幸亏及时打了急救电话被送到医院，只是左腿骨折，不然可能会因失血过多而有生命危险。

在住院的第二天，姚太太就买了很多水果、煲了鸡汤来到医院看望自己的好朋友。进门后，姚太太就扯开嗓子说："天哪，我的姐妹是不是走了？"严太太一听，本身就全身很痛的她立刻觉得很不舒服。虽然她知道姚太太平时爱开玩笑，但这个玩笑实在不好笑。

这时，姚太太继续说："上次我还跟你们家老公说，该买辆汽车了，电动车太危险了。不过人要出车祸，就是开飞机，也是一样要出事。"姚太太的这番话，更让严太太不舒服了，好像她要表达的是严太太注定要倒霉似的。

接下来，严太太口气冷冷地说："姚姐，我身体有点乏了，想睡会儿，医生说我不适合喝鸡汤，你把东西带回去吧。"姚太太一脸愕然，严妹妹这是怎么了。不过她看到躺在病床上的严太太已经把脸转过去了，就只好走了。

自从这件事后，严太太再也没来找过姚太太，姚太太主动联系她，她也找借口说自己有事。后来，两人的关系也就慢慢淡了，见面连招呼也不打了。

与人交往要坦诚，对于普通朋友如此，对待亲密的朋友更应如此。但是有一点大家需要明白，所谓坦诚，也要坦诚的有分寸、要有度、要讲效果。朋友之间，“胸无芥蒂，无话不说”作为交往中总的准则是不错的。但是，坦诚也应留有余地，关系再好的朋友在人前也要把握好说话分寸，不能因为关系好就无所顾忌。如果你不懂得给自己的嘴巴把好门，那不知哪天，你们的友谊说不定就会破灭。

那么，对于自己的好友，我们该如何把握好相处的分寸，避免关系破裂呢？

1.不要触碰好友的底线

每个人的内心都有自己的底线，底线是人们设置的保护自己的最重要防线。如果你轻易地去触碰他人的底线，那么很可能会使他人伤心或发怒，由此导致关系破裂，因此不要触碰他人的底线。

2.不做“零距离”好友

距离是一种美，也是一种保护。朋友之间，需要保持一定的距离。无论是怎么样的朋友，无论关系多么密切，距离都是如此重要。朋友，需用心去经营，需有一定的艺术性。

3.隐私问题不可忽视

每个人都有自己的隐私，一般来说，人们总是喜欢把不想外人了解的心里话告诉自己的好朋友、好闺蜜，这时候，不管你们关系如何，你都要懂得保守住对方的秘密，也不要拿他的秘密开玩笑，否则有一天，你们连朋友都做不了。不宣扬他人隐私是一种好的道德品质，这能反映出一个人的修养，希望大家一定牢记。

你的牢骚并不适合任何人

发牢骚是一件很平常的事情，毕竟谁都会有心里不舒服的时候，但是你的牢骚并不是适合任何人。与人聊天，你也许只是想发发牢骚，没有什么恶意，更无意要伤害和对付谁，但是说者无意听者有心。他们虽然很认真地听你诉说，但未必跟你是同一伙的。小心你说的那些“心里话”会变成他们对付你的“利器”。

杜晓蓓曾经是某公司广告部部门经理王瑞的助理，一直以来王瑞都很欣赏她，因为他交给杜晓蓓的工作，总是完成得又快又好。不过，杜晓蓓因为一次无心的抱怨而从此失去了经理的器重。

一天，王瑞的任务特别沉重，一个大单子、一份策划、一份总结，再加上杜晓蓓的陈年旧病——肠炎又发作了，于是杜晓蓓的工作进度很慢。王瑞看了杜晓蓓的工作进度，实在是着急：“晓蓓，加把劲儿啊，我还得指望着你呢。”

本来身体就不适的杜晓蓓听不惯领导的话，于是不胜其烦，抱怨的话脱口而出：“王经理，我就是这个水平，我在公司里是最忙的了。”

王瑞是个对工作要求很严格的人，正巧当时任务急，本来心里也是很烦躁，听杜晓蓓这么说很不快："好好好，你辛苦了，我让别人做，以后你多多休息就可以。"

于是，就因为这样一句牢骚，杜晓蓓就失去了自己的工作。

发牢骚多的人大多数是消极心理严重的人，情绪不稳定，说明这个人的思想水平不高，缺乏涵养，不善于思考与分析，控制自我意识的能力差；还证明这个人心胸狭窄，斤斤计较，患得患失，不能容人；也可以反映这个人的人品一般，不懂得人与人之间如何相处。常发牢骚有着如此多的缺点，相信这样的人在交际中并不怎么受欢迎吧！所以说，大家还是谨慎对待这个问题为妙。

其实，改变一下自己的心态，尽力避免发牢骚，对于每个人来说是非常重要的。但是大家知道怎么克服自己爱发牢骚的心理，避免招来不必要的麻烦吗?

1.祸从口出，说话请三思

祸从口出，说话太多往往容易惹祸上身，坦率不是错，但是毫无保留的坦率就是笨了。俗话说，"逢人只说三分话"，还有七分话，不必对人说出，这是一种变通的说话手段，更是一种自我保护的方法，毕竟不是所有的人都是跟你交心的。这一点，大家一定要注意。

2.改掉爱发牢骚的毛病

有位企业领导者一针见血地指出："抱怨和牢骚是失败的借口，是逃避责任的理由。"抱怨使人思想偏激，心胸狭窄。一个将自己的头脑装满了抱怨的人是无法想象未来的。抱怨使你与他人的理念格格不入，使个人的发展道路越走越窄，最后一事无成。

3.静坐常思己过，闲谈莫论人非

古人云：“静坐常思己过，闲谈莫论人非。”他们常以这句话来要求自己自律，认为在背后非议人家是小人之行，而不是品行高洁的君子所为。因此，我们在生活中也要做到“静坐常思己过，闲谈莫论人非”，时刻以君子品行要求自己，为人处世要光明磊落。如果你能做到这点，你不仅不会因为发牢骚而生出事端，也会让对方感受到你的修养，对你敬重有加。

当遇到别人发牢骚的时候，你要以体谅的心情，力求从积极的方面对发牢骚者加以劝阻和诱导，因为生活中每个人都会遇到不平和不快乐的事情。通过劝阻和诱导，使发牢骚者缓和怨怒的情绪，放宽胸怀、开阔眼界，避免死钻牛角尖，放弃种种偏激之见。

第13章

交际应酬不用愁，小技巧让你妥善进退

人生在世，免不了你来我往的交际应酬，不论是有必要的还是没有必要的，都需要对外应酬，去一些不情愿去的地方、做一些自己不情愿做的事情、说一些自己不情愿说的话、见一些不情愿见的人。如果能深谙小技巧，可让我们在交际应酬中妥善进退。

在关键人物上下功夫

对于那些关键人物，你该如何与之相处，得到他的喜欢呢？

1.懂得投其所好

作为一名职员，在激烈的市场竞争中，要想做好大客户的管理工作，让大客户为公司创造巨大的利润，我们就得练就一身找到大客户关键人物的本领，并设法投其所好。只有这样我们才能将大客户顺利拿下，进而取得销售工作的成功。

2.坚持不懈地与之联系

与关键人物的沟通是否顺利或者有效，一次并不代表最终的结果。要与关键人保持持久关系，就要有坚持不懈的精神。一旦确定了明确的目标，就一定不要轻易地放弃与客户之间的联系，要利用一切可以利用的机会与关键人保持良好的沟通。

3.适时送点“礼”

赠送别出心裁的礼物是和关键人物联络情感的重要方式，这里要具体情况具体分析，礼物不能千篇一律，礼物的选择更不能假手于他人。昂贵的不一定就是好礼品，送礼就是要投其所好。赠送方式也要别出心裁、别具一格：有时，你不妨请他的家人代收。

现在的社会，是一个离不开交际的社会，你可以没有钱，但是绝对不能没有人脉，一个人有了人脉，就拥有了开创未来的资本。不要幻想着你自己是多么强大，正所谓孤木不成林，滴水不成河，一个人的力量毕竟有限，众人的力量才是巨大的。

适时示弱，让对方放松戒备

李雯是某家酒店的大堂经理。一天早晨，突然有位年轻客人直接闯进来，怒气冲冲地质问："谁是经理？我有事情要反映！刚才我在餐厅外面的走廊上滑倒，摔伤了胳膊。地面这么滑，你们酒店是干什么的，连基本的防滑措施都做不好，这不是拿顾客的生命安全开玩笑吗？"

见此情景，李雯马上站起来，很客气地说："先生您好，我们的工作没有做到位让您摔倒了，实在很抱歉！您稍坐一会儿，我马上带您去医务室。"

年轻人坐下后，继续发牢骚："再也不来你们酒店了。说实话，我有很多好哥们儿都在本地做买卖，我会跟他们反映的，以后没人来这里了！"李雯面带微笑，等他停住嘴的片刻工夫，把一块温热毛巾递过去："先生，您先别急，您先擦擦胳膊吧，我跟医务室联系好了，现在就带您过去。"

趁着年轻人卷起衣袖，把擦伤的部位露出来时，她仔细观察了一会儿，发现他摔到的地方并无大碍，只是有些淤青的痕迹，也略显肿胀。

医生给这位年轻人检查了一遍，没有发现什么异常，年轻人慢慢冷静了下来。李雯说："真是万幸，没有摔伤身体，真是不好意思！如果您愿意，我可以让酒店特聘的高级医师为您推拿按摩。"

这时，年轻人也感到自己先前有些失态，说："这地板实在是太滑了，工作人员真的是太失职了。幸亏我年轻，没摔出什么问题，如果老年人或者小孩摔倒，轻则可能擦破皮、肌肉胀痛，严重的话就会骨折甚至脑震荡。其实，我也不想给你添麻烦，只是这件事你们真的需要好好注意一下，要不以后你们就会遇到大麻烦。"

李雯说："您的意见非常宝贵。现在工程部正在派人施工，重新铺上防滑地砖。您可能还没吃早餐吧？我已经让餐饮部送了一份过来，您现在可以吃了。"

折腾了大半天，年轻人这才想起自己还饿着肚子，他马上狼吞虎咽地吃起来。等他把早餐风卷残云般一扫而光以后，李雯笑着说："这不，因为我们的失职耽误了您刚才的外出，现在时间正巧是高峰期，可能不好打车，我就擅自给您安排了一辆车。"

年轻人很惊讶，高兴地说："谢谢你的厚待！对于你的关怀和照顾，我会一直记在心上。"于是，双方愉快地握手告别。送他出门时，李雯很诚恳地说："请您忘掉这件事。欢迎您再来！"以后，只要这位年轻人来此地，一定会住进这家酒店，而且他们从"敌人"变成了好朋友。

谈判中的强者并不是表现在咄咄逼人或趾高气扬的气势上面，为了达到最终的谈判目的，强者有时候也会示弱。在通常情况下，很多人不知道，在与人谈判的过程中，适时示弱或做一些退让，反而能使自己获得更多的机会，从而轻而易举地拥有自己曾拼命去争取而没有得到的那一切。所以，有时候退让，其实就是为了更好、更快地前进。这正是谈判的一种技巧。

示弱就是放低位置，降低姿态，在他人面前谦虚谨慎。示弱既是一种人生态度、独特的行为方式，也是一种交际之道、生存智慧。在竞争激烈的社会中，即便真的比别人强，也要懂得适时忍让，懂得示弱，拥有一颗隐忍之心，方可成为最后的赢家。

1.示弱，更能打动对方的心

现代社会的谈判，并不是说凡事都要摆出一副可怜兮兮的样子。而是说当我们谈判时，应该调动听者的同情心，使对方首先从感情上与你靠近，并产生共鸣。这就为你问题的解决与事情的办成打下了基础。人心都是肉长的，只要我们能适度示弱，对方是会动心。

2.示弱，更能保护好自己

人都有一种忌妒的心理，这就我们在为人处世过程中，不要处处争强好胜，能够主动示弱，才能以退为进。在职场中，霸道的人会让人觉得很难接触，甚至连见面打招呼的情谊都没有，非常不利于和他人建立关系。

3.示弱，可以巧妙地麻痹对方

适时的退让并不可耻，恰恰是一种掩人耳目的策略，这样能让对手麻痹大意，产生轻敌心理，从而让你获得调整的时间。在这个过程中，只要对方出现判断失误，你就可以抓住机会进行防守反攻。

你当然可以很霸气地和别人大吵大闹，最终将对方强行压制住，可是，对方不仅对你不服气，心里还会从此憎恨你。而学会示弱却可以真正打动对方的心。哪个方法更好，不是一目了然吗？

巧借“酒后真言”来交心

生活中，我们经常看到两个陌生人因为一次喝酒而变得十分友好，其实，这就是酒的奥妙。俗话说：“酒后吐真言。”这可真不是吹的，人本身是理智和感情的混合物，在不喝酒的时候，理智是占上风的，这时他懂得克制自己，那些不该说的话不会说；喝了酒的人，并不是说失去了理智，而是由于酒精的作用，这时人的血液循环加快，整个人处于亢奋或兴奋的状态，这就很容易发生“酒后吐真言”的情况。

当喝酒的人处于轻度兴奋时，他说的真言就是故意数落、攻击平常敢怒不敢言的人或事，这时他对自己的言行是清楚的；当他重度兴奋的时候，他说的才是真实意义上的真言，平常其控制、隐藏在内心不说的真话，这时他已经完全失去对大脑的理性控制，想一吐为快，毫无掩饰，而等他酒醒之后对之前酒醉的言行是毫不知晓的。酒后吐真言，有可能会让人与人之间产生新的矛盾，但也有可能会和谐人际关系，关键在于我们需要巧借“酒后真言”来交心。

在公司聚会中，新人小光感觉浑身不自在，毕竟这是自己到公司一个月之后的第一次聚会，他显得局促不安，不知道该把手放在哪里，也不知道怎么跟同事说话。

落座之后，他发现坐在身边的都是同一个部门的同事，虽然彼此会微笑着打招呼，但他们似乎都没有跟小光说话的意思，而是几个人围坐在一起聊天，小光只有听的份儿。怎么才能让自己融入这些同事之中呢？小光看了看摆在饭桌上的酒，心里有了主意。

等到饭局开始的时候，小光先是端起酒杯，向在座的同事敬酒，说道：“我作为一个新人，才到公司一个月，承蒙大家给我的帮助，我才能顺利地完成工作，来，我敬大家一杯，以后若是有什么需要我帮忙的，尽管说。”瞧这话说得，大家的心也被说得热乎起来了，举杯、饮酒，气氛一下子就热络了起来。

喝到微醉的时候，小光跟身边的同事已经比较熟悉了，小光觉得自己应该跟这些同事“交交心”了。坐在小光右边的是部门的采购员，平时所接触的都是客户，口才很厉害，小光不禁称赞说：“看到你平时签回来的单子，真是不简单，就凭一张嘴就赢得了顾客的青睐，真是了不起，来，咱们干一杯。”那采购员笑了，也抛出了肺腑之言：“小光，其实你工作能力也不错，你到咱们部门一个月，你的表现是有目共睹的，只要你继续努力，也会有机会像我一样，当然，到时候你估计会比我做得更好。”两人就这样拉近了彼此的距离，开始聊起了学生时代，小光竟然发现，这位同事竟然跟自己读过同一所高中，这样一来，彼此的关系更亲密了。

经过这次饭局之后，在那位采购员同事的帮助下，小光对工作的流程越来越熟悉，与同事相处越来越融洽，而这一切都归功于那次聚会中的酒后“交心”。

酒可以让饭局的气氛变得热闹起来，也可以让陌生的两个人变得熟络起来。事实上，酒真的具有这样的作用。在饭桌上，当我们喝得微醉的时候，在自己大脑清醒的时候，不妨对身边的人说几句“知心话”，当然这些话需要是肺腑之言，即便不是从心里说出来的，那也必须融入真诚，这样才能适时打动微醉的对方。在酒精的作用下，人们很容易吐露一些真心话，这样彼此之间的关系就拉近了许多。

生活中，我们需要参加的饭局很多，但是否“酒后真言”就是真的在喝酒之后所说的话呢？在这里，我们所谓的“巧借”酒后真言，也就是巧借“酒”这个媒介去诱使对方说出一些真心话，有助于彼此关系的密切度。假如真的是酒后吐真言，那势必说出来的话不是在自己掌控之中，有可能是一些谩骂，而非“交心”的话。

于是，当我们喝得微醉的时候，就需要找到我们所需要应酬的那个人，然后适时说一些真心话，诱使对方也说出一些心里话，这样就能拉近彼此之间的关系。

巧借酒后真言“交心”，那就须喝酒有度。喝少了，没有那种酒后吐真言的气氛；喝多了，人都醉了，哪里还能说真言交心呢？所以在饭桌上，喝酒必须是适量的，微醉即可，这时头脑是清醒的，说话也会在自己大脑的掌控范围之内，这样的”酒后真言”才显得真实而自然。

适时适度的赞美，赢得对方好感

人与人的交往，需要良好的氛围。如果氛围不对，那么一切就都变得别别扭扭。要想营造良好的人际交往氛围，最为直接便利的方法，就是赞美对方。前文我们已经刚说过，没有人会抗拒赞美。当然，赞美的形式多种多样，诸如直截了当的赞美、委婉的赞美、戴高帽等。实际上，除此之外，阿谀奉承也是一种赞美。

和普通的赞美不同，阿谀奉承的特点在于，其带有逢迎别人的意味。当事情不涉及原则性问题时，适当的逢迎也无不可。在人际交往中，当你学会适当地恭维别人，那么你一定会大受欢迎。也许很多时候别人在接受你的恭维时，嘴上不停地说着谦虚的话，但是实际上他的心里早已经乐开了花。当这份喜悦扎根在他的心里，他对你的印象当然也会很好，甚至不自觉地与你亲近起来。人的本性是有弱点的，即便一个人知道他人是在恭维逢迎自己，也难以避免地感到高兴。由此，我们用阿谀奉承的方式与他人套近乎，搞好关系，实际上就是抓住了他人的弱点。

人的天性就是爱虚荣，虚荣心也使得人们从来无法抗拒赞美。别人的阿谀奉承，会给我们的内心带来莫大的满足感和成就感，甚至即便别人说出了不中听的话，我们也会感到可以宽容和接受。这就是阿谀奉承的魅力。

作为一家服装店的老板，小娟总是能够顺利把店里的衣服卖出去，即便周围的其他服装店生意惨淡，小娟的生意也一直都很好。这到底是为什么呢？原来，小娟非常善于迎合顾客，对于每一个走进她店里的顾客，她都能把话说到对方的心里，让对方高高兴兴地来，满意地带着漂亮的衣服回家。

有一次，店里来了一个四十多岁的大姐，看上了一件时尚的风衣。大姐拿着风衣走进试衣间，当她刚刚走出试衣间还没有走到穿衣镜前时，小娟就故作惊讶地喊道："大姐啊，我这件衣服可真的就像是为你量身定做的一样。你看看，这件衣服的颜色是今年最流行的卡其色，而且款式也是最新的。和以往的风衣都有腰带相比，这件风衣采取流线型设计，使你的腰身看起来非常地曼妙，而且曲线圆滑，就像风吹杨柳一样的感觉。哪里都合适，看看这肩膀的地方，就像有人说的那样，多一分就肥了，少一分就瘦了。你就算是找个裁缝量体裁衣，只怕也没有这么合适呢！您和这件衣服绝对有缘分，看起来，你可年轻了十几岁呢。"

小娟的一番话说得大姐顾不上看穿衣镜里的自己，而是连声地问："真的吗？真的吗？"小娟斩钉截铁地说："当然是真的，我有什么必要骗您呢！我这么好的衣服，不卖给您，也可以卖给别人，但是大姐这件衣服真的特别衬托您的气质，简直太合适您了！"

在小娟不停的赞美声中，那位大姐高高兴兴地买下了这件风衣，甚至都没有砍价。拎着新衣服离开时，大姐还不停地夸小娟进货的眼光好呢！

就这样，小娟高高兴兴地就做成了一单生意，毫不费力气。也正因为如此，小娟才能把生意打理得风生水起，哪怕别人家的生意都不好，她也能够保持骄人的销售业绩。当然，需要注意的是，虽然我们可以阿谀奉承别人，但是最好不要睁着眼睛说瞎话。顾客不是傻子，假如那位大姐不是自己也觉得衣服很合体，只怕小娟说破了嘴皮子，她也不会轻易地就把衣服买下来的。由此可见，一切夸大其词的赞美都需要一定的事实依据，我们可以适度地夸大其词，但是却不能胡编乱造。对于毫无事实根据的事情，说出来不叫阿谀奉承，而是造谣生事。

很多时候，对他人的阿谀奉承，就像是一把火一样，能够在转瞬之间就温暖他人的心灵。这样一来，他人怎么会不回报给你温暖呢？就像我们对待这个世界的态度一样，当我们微笑着面对世界，世界也会回报给我们以笑脸；当我们愁眉苦脸地对待这个世界，世界也会回报以哭脸；当我们对他人毫不吝啬赞美，他人也会回报给我们友善；但我们惜字如金，从不轻易地赞美他人，他人又怎么会慷慨大方地对待我们呢？任何时候，我们都要发自内心地真诚赞美他人，才能得到他人真诚的回报，否则，赞美一旦变得虚情假意，难免会使人感受到讽刺的意味，也就因此弄巧成拙了。记住，可以阿谀奉承，但是一定要言之有物，而且要适时适度。

学会“装聋作哑”，化解对方敌意

没有人愿意承认自己耳朵聋，但是很多时候为了避免尴尬，我们必须学会装聋作哑。尤其是当在生活中和职场上，遭到他人恶意攻击却又无力还击的情况下，不如先暂且装作高姿态，这样虽败犹荣。除此之外，对于他人的恶意攻击，我们还可以采取转移注意力的方式。要知道人心叵测，尤其是在关系复杂多变的职场，人与人之间的利益纠葛是非常深的，所谓牵一发而动全身，大多数攻击我们的人一定是有备而来。在这种情况下，转移自己的注意力，避免掉入对方的陷阱，从而保持情绪的平静和理智，那么对方费尽辛苦酝酿的情绪就会无处发泄。这就像是把力气打在海绵上，对方的力气被你尽数吸收，你却从不招架还手，对方也只能偃旗息鼓。需要注意的是，尽管我们是装聋作哑，但是并不意味着我们从气势和气度上要输给对方。在此过程中，我们应该时刻保持微笑，要知道，任何交流都应该至少是双向的，必须有互动才能称其为交流。对于他人的恶言恶语，我们可以装作没听见，但是回应微笑必不可少。当看到我们脸上平静淡然的微笑，也许对方会幡然悔悟，或者对方气焰嚣张，也会因为我们对其不以为然而沮丧泄气。以不变应万变，恰恰能够赢得人际交往的一回合。

一家美国公司要与日本公司进行谈判，针对双方合作事宜进行协商。原本，这家美国公司做足了准备，不但做了精美的演示文稿，还做出了效果非同凡响的动漫演示图。当时，美国公司的负责人一心一意想要一招致胜，给日本公司一个下马威。

在美国公司进行充分准备之后，终于到了双方短兵相接的时刻。美国公司负责人在与日本公司代表一番寒暄之后，就开始让之前准备的演示文稿、动漫效果图等轮番上阵，他则气定神闲地坐在那里，等着看日本公司代表大为惊讶的模样。不想，日本公司代表始终面色平淡。直到一个多小时之后各种演示都进行完毕，他们依然面不改色地坐在那里，似乎从未发生过任何事情一样。美国公司负责人终于忍不住，问日本公司代表："各位觉得我们的产品如何？"这时，日本公司负责人说："不好意思，我们没看明白，请问您能重新对照产品给我们演示和讲解一遍吗？"就是这句看似平淡无奇的话，让美国公司负责人的嚣张气焰顿时被打压下去，他甚至如同一只斗败了的公鸡一样，毫无斗志，信心全无。最终，他不得不找来工程部的技术人员把产品重新介绍一遍，由此，他的优势也尽数失去，日本公司代表在"装聋作哑"之下，扭输为赢，占据了优势。

在这个事例中，美国公司代表原本以为自己很有优势，因而在与日本公司代表简单寒暄后就开始轮番轰炸。倘若日本公司代表表现出惊讶的模样，则恰恰中了美国公司代表的陷阱，美国公司代表也可借势表现自己的实力和优势。但是偏偏日本公司代表对于他们的各种优势完全视而不见，最终导致他们优势全无，而且沮丧万分。

朋友们，我们在生活和工作中也一定会遇到不想面对的局面，也会有不愿意听到的话。在这种情况下，不如"装聋作哑"，以不变应万变，也许会有意外的惊喜！

言多必失，把握好三分度

游走在交际场的人不仅要学会说话，更要把握好说话的分寸，万事谨慎小心是最保险的。古人有云“言多必有数短之处”，也就是人们常说的言多必失。能管住自己嘴巴的人，才具备成事的能力，错综复杂的应酬场合需谨慎言辞，场面话多说少说都不宜，把握好三分度，别让成功的机会从嘴中溜走。

我们口中的场面话，就是在应酬交际中的“官话”，那些高谈阔论的人在应酬场合往往得不到别人的青睐，反而是说话十分讲究分寸和尺度的人更能赢得他人的欢迎。场面话要怎么说，才能显得恰到好处？

1.富有内涵

与人交往最忌讳说些虚无缥缈的话，空话套话谁都会说，没有人愿意浪费宝贵的时间听你“侃侃而谈”。词语丰富又耐人寻味才会吸引更多人的兴趣，才会给人既实在又风趣的印象。即使说的都是些场面话，也要让对方有真实贴心的感觉，场面话也需要你的真情实感来丰富。精心设计些在任何场合都适用的场面话，别让无厘头的话使应酬陷入尴尬局面。

2.不能跳脱出应酬场合的范围

过多地说些题外话会让对方认为你对其交际的目的不清楚。场面话要说得和应酬的主题相符，围绕主题的话语或多或少都会引起别人的共鸣。场面话不单只是夸夸别人，还在于通过说场面话和他人建立良好的关系。

3.选择场面话的切入点

场面话的话题选择也是不能忽视的，可以从应酬主题入手，看看对方有没有兴趣，对方的兴趣就是你的兴趣。若是忽然冷场了，说几句幽默的场面话，博大家一笑，接下去的话题不用你想，自然有人自告奋勇地找话题。说场面话也需要对方的呼应，有来有去的对话才会慢慢向你期望的目标前行。

会说场面话才能为自己带来更多与人结识的机会，若需要当面称赞别人的时候，你可以称赞对方穿衣很有品位、可以称赞女士皮肤保养得好、可以称赞对方的孩子聪明懂事，也可以称赞对方办事能力强等，虽然这种场面话有夸大实情的嫌疑，但谁不希望别人能看到自己成功的一面？只要不是说得过分夸张，大家还是很乐于接受的。若要先和陌生人开口说话，你不如先观察一下对方的情况，看好能说话的点，再走上前去，既不显得突兀，又让对方感觉这是顺理成章的谈话。

说场面话的目的就是为谈话创造一个良好的开端，所以场面话说得不能太决绝，让对方冷场在原地，不知道下一步要怎样。

一位刚刚大学毕业的年轻人想让某厂长聘他为厂办秘书。在见面的时候，这位年轻人先对厂长说："你们这环境不错啊。"厂长听了，点了点头。年轻人又接着说，"现在大学毕业生是越来越多了。"厂长听了，依旧点点头。然后，这位青年人又说，"厂办秘书一般要大学毕业，要比较能写的吧？"话音还未落下，就听厂长礼貌性地下达了逐客令："对不起，我还有些紧急的事情需要处理，你可以出去了……"

青年人说了这么多话，还是没有表明自己的来意，公务繁忙的厂长怎么会有那么多时间陪他聊天，被拒绝是理所当然的。交际应酬中，双方可能没有过多的时间去闲聊，我们必须抓紧每一分钟，将每句话都说得非常精准，因为他有可能这一秒在和你聊天，下一秒就被别人吸引走了，所以就要看你怎样把场面话也说到对方心里，让对方死心塌地地听你接下来的话。专时专用，才会为你和对方带来双赢的局面。

场面话说三分，是对自己负责的表现，毕竟谁也不想自己走到哪里都遭别人的白眼，也不想处处碰壁。做到谨慎言辞，是在应酬场合能游刃有余的基本要求，既给对方留有余地，又给自己留有退路，这是人际交往中不败的黄金法则。场面话只是打开交流之门的敲门砖，想要与他人维持良好的交际关系就要学会谨慎言辞，话说三分。

参考文献

[1]李靖.社交心理学[M] .沈阳：沈阳出版社，2017.

[2]大卫・约翰逊.交往的艺术[M] .北京：人民邮电出版社，2017.

[3]穆臣刚.哈佛社交课[M] .北京：中国法制出版社，2017.

[4]连山.社交心理学[M].南昌：江西美术出版社，2017.